Matthias Koopmann

Um zwoa an da Ua

Geschichten und Anekdoten aus Passau

W0084240

Wartberg Verlag

3. Auflage 2015
Alle Rechte vorbehalten, auch die des auszugsweisen
Nachdrucks und der fotomechanischen Wiedergabe.
Satz und Layout:
Grafik & Design Ulrich Weiß, Extertal
Hoehl-Druck Medien + Service GmbH, Bad Hersfeld
Buchbinderische Verarbeitung:
Buchbinderei S. R. Büge, Celle
© Wartberg Verlag GmbH & Co. KG
34281 Gudensberg-Gleichen, Im Wiesental 1
Telefon (0 56 03) 9 30 50
www.wartberg-verlag.de
ISBN 978-3-8313-2090-5

Inhaltsverzeichnis

Vorwort

PASSAU, DAS BAYERISCHE VENEDIG zwischen Donau, Inn und Ilz. Ein gefeiertes Barockjuwel. Man denkt an den prächtigen Dom St. Stephan, die imposanten Burgfestungen Oberhaus und Niederhaus, die Wallfahrt nach Maria-Hilf. Man denkt an große Geschichte. An alte Geschichte. An das römische Batavis und den heiligen Severin, die selige Gisela von Ungarn und das Nibelungenlied, an glanzvolle Fürstbischöfe, blutige Bürgeraufstände und blühenden Salzhandel. Über all das wurde viel und ausführlich geschrieben. Aber was ist mit der jüngeren Vergangenheit? Was geschah vor dreißig, vierzig Jahren in der Dreiflüssestadt? In Zeiten, die zwar älteren Passauern oft noch lebendig in Erinnerung geblieben, Jüngeren aber kaum noch geläufig sind? Was geschah damals auf „kleiner Bühne", im Alltag der Menschen? Gibt es spannende Geschichten, Orte und Personen über die sich zu berichten lohnt? Auf Bitte des Wartberg Verlags bin ich der Frage gerne nachgegangen. Allen, die mir dabei als Zeitzeugen bereitwillig zur Seite standen und allen, die diesen Band durch Fotomaterial bereichert haben, sei an dieser Stelle herzlich Dank gesagt.

Die Materialmenge, die schließlich zur Verfügung stand, hätte den vorgegebenen Rahmen dieses Büchleins weit gesprengt. So wurden zwölf Geschichten ausgewählt. Kleine Episoden aus der jüngeren Passauer Vergangenheit, die bunte Schlaglichter auf den besonderen Charakter dieser einmaligen Stadt werfen. Und vielleicht machen sie Lust auf mehr ...

Matthias Koopmann

Suppenküche auf höherem Niveau

GOTT SEI DANK. Passau war noch einmal knapp davon-
gekommen. Trotz einiger Fliegerangriffe seit Dezember 1944
hatte das historische Ensemble der Dreiflüssestadt den Zweiten Weltkrieg glimpflich überstanden. Zwar waren am 2. Mai
1945 durch Wehrmachtspioniere noch die letzten Flussbrücken
gesprengt worden, nicht zuletzt auch dank des Einwirkens von
Bischof Landersdorfer wurde die Verteidigung der Stadt jedoch
verhindert und noch am gleichen Tag bedingungslos kapitu-
liert. Für die anschließende Einquartierung der einrückenden
US-Soldaten mussten rund 3000 Passauer, bevorzugt solche,

Nachkriegsszenerie am Ludwigsplatz. Ein amerikanischer GI zeigt wo
es langgeht ...

Land unter 1954: Die Häuser der Passauer Ilzstadt waren teils bis zur Dachtraufe geflutet.

die durch ihre NS-Vergangenheit belastet waren, vorübergehend ihre Wohnung räumen. Zugleich strömten in Massen Flüchtlinge aus Ungarn, Österreich und Böhmen sowie Lager-Überlebende nach Passau. Binnen kürzester Zeit bevölkerten die kleine Stadt so an die 70 000 Menschen.

Die Flüchtlingsunterkünfte – Schulen, Veranstaltungssäle, Barackenlager und requirierter Wohnraum – platzten aus allen Nähten: Allein zwei Häuser in der Höllgasse belegten zeitweilig gut 700 Menschen. Barackenlager entstanden u.a. in der Lindau, in Hacklberg und vis-à-vis zur Ilzstadt auf der Bschütt. Ein Grenzdurchgangslager in Schalding rechts der Donau entwickelte sich bis zu seiner Auflösung 1965 zu einem regelrechten Dorf mit eigener Kirche, Schule und Kindergarten. Als größte Massenunterkunft diente das Nikolakloster, dessen Insassen mit zahllosen improvisierten Kochstellen aus Ziegelsteinen und Blechteilen auch die angrenzende Innwie-

Die Amerikaner halfen u. a. durch den Einsatz von Amphibienfahrzeugen. Eine Attraktion für Passaus Kinder. Fritz Detlef Spengler, damals 11 Jahre alt, erinnert sich: „Da habe ich alle möglichen Geschichten erfunden, wo ich überall ganz dringend hin müsste, damit ich so oft wie möglich mitfahren darf."

se in Beschlag nahmen. Das dichte Gedränge und die mangelnde Hygiene hatten Folgen: Zwei Typhusepidemien und die sprunghafte Zunahme von Haut- und Geschlechtskrankheiten führten 1946 zur Einrichtung eines Seuchenlazaretts in der Veste Oberhaus.

Schon seit dem 30. April 1945 plünderten Einheimische wie Flüchtlinge in ihrer Not Geschäfte, Warenlager und Schiffe. „Es erregte Ärgernis, dass sich sogar sogenannte ‚bessere' Leute, auch tägliche Kirchenbesucher, bereicherten", notierte voll Empörung Domdekan Dr. Franz Xaver Eggersdorfer. Erst nach Wochen schritt die im Hauptzollamt residierende US-Militärregierung ein und sorgte unter schärfster Strafandrohung für die Wiederherstellung der öffentlichen Ordnung. Die Bekannt-

Bis in die Heiliggeistgasse stand das Wasser. Wo nötig und möglich sorgten Holzstege für trockene Passagen.

machungen waren deutlich und hatten Effekt: „Wer plündert, wird erschossen. Geplünderte Waren müssen bis zum nächsten Tag zurückgebracht werden, andernfalls Erschießung." Die anschließende Ausgabe von Lebensmittelkarten und Bezugs- scheinen im damals an der Heiliggeistgasse gelegenen Wasser- wirtschaftsamt konnte die Grundversorgung der Bevölkerung kaum sicherstellen. Und so gehörten auch in Passau Hamster- fahrten und verbotener Schwarzhandel zum Lebensalltag in der Nachkriegszeit. Dennoch litten Passaus Kinder im Früh- jahr 1946 zunehmend unter Hungerödemen. Die Stadtgärtne- rei baute daraufhin auf allen verfügbaren Stadtgründen Salat, Bohnen und Kartoffeln an. Für eine deutliche Verbesserung der Lage sorgten dann ab 1947 aus einem Fond der US-Re- gierung finanzierte Schulspeisungen, bestehend aus Haferflo- cken, Trockenmilch, Zucker und Rosinen.

Zum amerikanischen Wiederaufbauprogramm gehörte in Passau 1948–1953 auch ein nachhaltiges Bildungsangebot – das „Amerikahaus" in der Redoute. Die „Suppenküche auf höherem Niveau" war in erster Linie eine öffentliche Bibliothek mit rund 10 000 Bänden, zugleich aber auch Veranstaltungsort für kostenlose Englischkurse, Filmvorführungen, Ausstellungen und Konzerte. Die offene Präsentation der ausleihbaren Bücher in frei zugänglichen Regalen bot damals etwas völlig Neues. Auf der Grundlage und als unmittelbare Nachfolgeeinrichtung des Amerikahauses entstand 1955 die städtische Europa-Bücherei.

Zu Beginn der Besatzungszeit erfuhr das deutsch-amerikanische Verhältnis allerdings auch mancherlei Belastung. Hierzu gehörte der Mord am Passauer Gouverneur Everett S. Cofran am 7. Januar 1946. Man fand die Leichen von Cofran und zwei Offizieren in seinem ausgebrannten Quartier – einer am Donauufer gelegenen Villa nahe Eggendobl. Cofran galt als ausgemachter „Deutschenfeind". Unnachsichtig bestrafte er private Kontakte zwischen US-Soldaten und der deutschen Bevölkerung. Diese waren zwar offiziell verboten, in der Praxis aber gang und gäbe. Die erfolglose Tätersuche konzentrierte sich zunächst auf Deutsche, dann auf „displaced persons", in Passau gestrandete, hauptsächlich aus Konzentrations- und Kriegsgefangenenlagern stammende Flüchtlinge. Wie sich später allerdings herausstellte, war der tatsächliche Mörder Cofrans niemand anderes, als sein eigener Amtsnachfolger Captain James L. Leech. Der habe die Tat „im Suff und wegen eines Weibsbildes" begangen, wie Volker Stutzer zu berichten weiß.

Einen grandiosen Höhepunkt der Nachkriegsgeschichte erlebte Passau vom 1. bis 4. September 1950 als Schauplatz des 74. Katholikentags. Man zählte ca. 150 000 Teilnehmer, darunter Konrad Adenauer, Ministerpräsident Hans Erhard und Kronprinz Ruprecht von Bayern. Zwei Jahre später fanden in Passau auf Anregung amerikanischer Kulturoffiziere die er-

Hochwasserromantik der besonderen Art: Zillenfährdienst statt Busbetrieb.

sten „Europäischen Wochen" statt. Ihre Intention war nicht zuletzt propagandistisch: In Grenzlage zum kommunistischen Osteuropa sollten im Zeichen des europäischen Gedankens der kulturelle Aufschwung und die Leistungsfähigkeit der westeuropäischen Länder demonstriert werden.

Die Verhältnisse in der Stadt begannen sich zusehends zu normalisieren. Einen wesentlichen Anteil daran hatte der seit 1949 durch die städtische Wohnungsaufbau GmbH, das Katholische Siedlungswerk und andere Bauträger im großen Stil betriebene Siedlungsbau. Dann geschah das Katastrophenhochwasser von 1954: In der Nacht vom 8. auf den 9. Juli stieg der Donaupegel rasch und in diesem Ausmaß nicht erwartet auf den Höchststand von 12,18 m. Über 600 Häuser standen tagelang unter Wasser. Am schlimmsten traf es Passaus Ilzstadt. Alle Männer zwischen 20 und 40 Jahren wurden vom städtischen Katastrophenausschuss zur Nachbarschafts- und Notstandshilfe aufgerufen. Die amerikanischen Besatzungstruppen unter ihrem äußerst engagierten Kommandeur Arthur Brasgalla halfen mit Ausrüstung, Fahrzeugen und Hilfskräften, wo immer sie nur konnten. Das bayerische Rote Kreuz lieferte Verpflegung, Decken, warme Kleidung. Zahlreiche, auch auswärtige Organisationen und Einrichtungen beteiligten sich an den Hilfsmaßnahmen. Selbst die Regierungen Englands und der USA boten ihre Unterstützung an.

Rund 2000 Menschen mussten aus ihren Häusern evakuiert, diejenigen, die in den Obergeschossen ihrer Häuser ausharrten, so gut es ging versorgt, einsturzgefährdete Gebäude notdürftig gestützt werden. Erhebliche Schwierigkeiten bereitete die Koordination der Helfer untereinander und die Verständigung mit den Eingeschlossenen. Es fehlte an Telefonen und die vorhandenen Telefonleitungen waren größtenteils nicht mehr betriebsfähig. So behalf man sich mit Lautsprecherdurchsagen. Soweit möglich, wurden in den überfluteten Gassen schließlich Stege aufgebaut und ein Zillenfährdienst eingerichtet. Die obdachlos gewordenen fanden Aufnahme bei Angehörigen, Bekannten und in Notlagern. Zahlreiche Familien boten an, vorübergehend evakuierte Kinder bei sich aufzunehmen. Hausbesitzer stellten ihre Dachböden zur Verfügung, um gerettete Möbel und Hausrat einzulagern. Überall herrschte uneigennützige Hilfsbereitschaft und Zusammenhalt. Trotz der erlittenen Nöte und des immensen Gesamtschadens von rund 6,1 Millionen DM gibt es daher doch so manchen, der dem dramatischen Katastrophenhochwasser von 1954 in der Rückschau durchaus auch das eine oder andere Positive abgewinnen kann.

Onkel Josef

„DAS IST ALLES KEIN VERGNÜGEN", ließ er 1961 einen Journalisten resigniert und müde wissen. Der „Onkel Josef", wie ihn die Kinder nannten – ein ernster Mann mit schmalen Augen, Schlägermütze und von Wind und Wetter gegerbter Haut. Fährmann war er, der Büchler Josef, letzter Fährmann der Passauer Innseilfähre zwischen Schaiblingsturm und Rosenau. Ein kleines, schlankes Schiff an langem Seil. Ausreichend Platz für 40 Gäste und ein filigran gestütztes Dach. Seit 1953 fuhr der alte Büchler damit täglich hin und her – mal zehnmal, dann vielleicht auch vierzig- oder fünfzigmal. Der erste war er nicht. Sein Vorgänger, der Schöberl, hatte sie derart lang und passioniert betrieben, dass man schließlich auch zu Büchlers Zeiten nur noch von der Schöberl-Fähr' gesprochen hat. Klaus Schür-

Der Schöberl, der kein Schöberl war: Josef Büchler war der letzte Fährmann auf dem Inn.

Die Innseilfähre auf dem Weg zum Schaiblingsturm. Links im Wasser die aufgereihten Ständer für den Landungssteg, mit dem bei Niedrigwasser die breite Kiesbank auf der Innstadtseite überbrückt wurde.

zinger kann sich an Schöberl noch erinnern. Als Kind ist er mit seinen Kameraden gerne von der Fähre in den Inn gesprungen. Hatten sie kein Geld, um zu bezahlen, hieß es beim Schöberl: „Alle niederknien und bitte, bitte, sagen." Ein anderer, der den alten Schöberl noch gut gekannt hat, ist Verlegersohn Heinz Kapfinger. Sein legendärer Vater Hans gehörte zu den Stammkunden der Fähre. Viel öfter noch als der Begründer Passaus Neuer Presse fuhr jedoch sein Hund. Ein Spitz mit Namen Fritz. Der kam gern auch mal allein des Wegs, sprang selbstbewusst ins Boot und ließ sich zur Promenade auf die Altstadtseite übersetzen. Nach einer Weile kehrte er dann stets zum Schaiblingsturm zurück und wartete wie ein normaler Passagier auf die Retour. Kostenlos versteht sich. Kapfinger Junior dagegen ging dem Schöberl immer gern zur Hand und wurde zur Belohnung ab und an sogar zum kleinen Hilfsfährmann. Hieß es: „Komm hol die Fähr', fahr mal für mich rüber", wusste Heinz was er zu tun hatte. „Einmal bin ich ihm aber zu steil gefahren, da hat er ordentlich geschimpft, der Schöberl."

Ein stimmungsvoller Wintertraum –
Die Innseilfähre vor barocker Stadtkulisse

Eine Fähre hat es auf dem Inn schon im Jahr 1070 gegeben. Bischof Altmann hatte sie damals dem vor der Stadt erbauten Kloster zu St. Nikola geschenkt. Seine Bedingung: Fromme Pilger sollten immer kostenlos befördert werden. Mit den Kreuzzügen war deren Anzahl freilich so stark gestiegen, dass 73 Jahre später Passaus erste Innbrücke gebaut wurde – bis

14

1840 eine gerade mal fünf Meter breite Holzbrücke. Innfähren existierten zu Ergänzung weiter.

Von all dem wusste Josef Büchler nichts. Ja, der Schöberl, da war er sich sicher, der hätte zur Geschichte seiner Fähre wohl so mancherlei erzählen können. Zum Beispiel, dass man 1945 nicht nur alle Flussbrücken in Passau, sondern auch das Draht-seil seiner Innfähre gesprengt hatte. Aber den Schöberl konnte 1961 niemand mehr befragen. Von einem heiklen Abenteuer wusste aber auch der Büchler Josef zu berichten: Einmal, das Fährboot war schon mitten auf dem Fluss, da riss plötzlich mit lautem Knall das Seil. Das Boot trieb sofort in der starken Strömung ab. Unter den 33 Schulkindern an Bord herrschte die blanke Angst. Aber was ein echter Fährmann ist, den bringt so schnell nichts aus der Ruhe, der bringt sein Boot noch immer irgendwie ans Ufer! Ein Kilometer unfreiwillig aufregende Flussfahrt, dann war es an der Kräutlsteinbrücke schließlich geschafft. Nach diesem glücklich überstandenen Betriebsunfall wurde das Fährschiff zur Sicherheit mit einem schweren Schleppseil ausgerüstet. Gebraucht wurde es nicht. Der Seilriss sollte sich nie wiederholen.

Für Josef Büchler war die Fähre dringend notwendiges Zubrot. Eigentlich war er ja längst schon Rentner. Aber eine Rente von 200 Mark? Wie sollte man mit Frau und vier noch schulpflichtigen Kindern davon existieren? Mit dem Fährbetrieb ließen sich in guten Sommermonaten noch einmal bis zu 150 Mark dazuverdienen. Immerhin. Seine besten Kunden waren Schulkinder, ihr Ziel die höheren Schulen in der Altstadt und die Sporthalle der Altstadtschule. 10 Pfennig – und mit „Onkel Josef" kam man pünktlich in den Unterricht. Aber die goldenen Zeiten, die der Schöberl noch erlebt hatte, die waren ein für alle Mal vorbei. Das Geschäft mit der Fähre ebbte unaufhaltsam ab. Nach den ersten Schülerfuhren am Tage hieß es immer öfter lange Ewigkeiten untätig zu warten. Da hing der Büchler Josef dann seinen Gedanken nach, bei kalter Witterung in seinem kastenförmigen Kajütenstand, gewärmt durch einen kleinen Ölofen. Im Sommer lief es noch am besten. Da waren neben Schulkindern „die Fremden" seine Hauptkundschaft: Als Ausflügler gekommene Familien fanden ein besonderes Erlebnis für die Kinder, verträumte Liebespärchen einen Hauch von venezianischer Romantik. Der Fährmann und

Die Anlegestelle am Schaiblingsturm.

sein Kahn, das war für sie ein urig-heimeliges Stimmungs-
bild – und gern auch mal ein Trinkgeld wert. Josef wiederum
quittierte auf vermeintliche Romantik angesprochen meist nur
stumm mit einem vielsagenden Lächeln.

Wie lange würde es mit seiner Fähre weitergehen? Mit „seiner" Fähre? Nein. Der Büchler Josef war nicht Eigentümer.
Das war zunächst die Porzellanfabrik Lenck, nach deren Un-
tergang dann die Stadt Passau. Und die sah den Zuschuss-
betrieb zusehends als nicht mehr wirklich nötige Belastung.
Pächter Büchler wusste um die kontroversen Diskussionen, die
in Stadtratskreisen um den Fortbestand der Innfähre geführt
wurden. Doch was immer man entscheiden mochte, ihn würde es nicht treffen. Denn für den 66-Jährigen stand 1961 bereits
fest: „Ich wenigstens höre in zwei oder drei Jahren auf." Das tat
er auch und die Existenz der Innseilfähre war Geschichte.

Nächster Weg zum Bahnhof

DAS GEGENSTÜCK ZUM BÜCHLER auf dem Inn war auf der Donau Georg Baumgartner. Seit 1928 betrieb er an Schloss Eggendobl eine Motorfähre. Sein Schwager, Inn-Fährmann Schöberl, hatte den Wachtmeister der Passauer Landpolizei auf die Idee gebracht. Er hat es später nie bereut, dass er sich selbstständig gemacht und dafür die Polizeilaufbahn geopfert hatte. Mit dem Motorrad fuhr er nach Hamburg, kaufte sich ein passendes Schiff. Wie man damit umgehen muss, das hat er sich durch eifriges Probieren im Passauer Winterhafen ohne jede Hilfe selber beigebracht. „Zur Fähre – nächster Weg zur Stadt und zum Bahnhof" hieß es fortan auf einem Schild bei Eggendobl. Sicher, es gab da noch die Maxbrücke. Aber die lag über 150 Meter weiter östlich. Die Bewohner auf der lin-

Die „Schwalbe" vor der romantischen Kulisse von Schloss Eggendobl. Ein Bild, das in jeder Hinsicht längst Geschichte ist: Auch ein großer Teil der Schlossanlage fiel dem Schanzlbrückenbau zum Opfer. Erhalten blieb allein der Kernbau mit dem hohen Schopfwalmdach – heute eingezwängter Schmuck einer Verkehrsinsel ...

ken Donauseite, die Hacklberger, nahmen die neue Möglichkeit zur Abkürzung mit Freude an.

Der Anleger am rechten Donauufer lag beim heute längst verschwundenen Gaswerk. Nach dem Krieg legte dicht unterhalb eine Zeit lang das Hotelschiff „Würzburg" an, was Grund für Reibereien bot. Gleichzeitig war die Zeit direkt nach Kriegsende die absolute Hochphase der Fähre. Die Zerstörung der Maxbrücke 1945 sorgte bis zu ihrer Wiederherstellung für einen niemals mehr erreichten Umsatz. Baumgartner investierte. 1949 hat er sich ein neues Boot beschafft, mit einer Zulassung für 30 Fahrgäste – die legendäre „Schwalbe". Reich ist er freilich nicht damit geworden, der Baumgartner Georg. 1950 gab er seinen Jahresbruttoverdienst mit 3248 DM an. Und hin und wieder gab es auch mal Rückschläge: Da wurde ein Anlegeponton durch ein wendendes Schiff zerdrückt, ein anderes Mal ist ein Ponton im Winter leckgeschlagen und gesunken. 1959 wurde die Zulassung für den Fährbetrieb wegen neuer

Immer würdevoll wie ein waschechter Seebär: Fährmann Georg Baumgartner.

Sicherheitsbestimmungen auf 18 Fahrgäste herabgesetzt. Dennoch, wenn der Georg „ins Geschäft" ging, wie er sagte, dann war er zufrieden.

Um 5 Uhr, spätestens um halb 6, da hieß es aufgestanden, Kaffee und eine Brotzeit für den Tag gerichtet, in die alte Ledertasche eingepackt, dann noch rasiert und auf den Weg gemacht. Dabei schritt er gemessen, würdevoll in gerader Haltung, beinahe wie ein Kapitän. Und so wirkte er auch, mit der Schiffermütze und der dunklen Anzugjacke. Wenn er sich am Steuer seiner „Schwalbe" schließlich noch die Pfeife stopfte, ja, da waren die sieben Weltmeere ganz nah. Eine Erscheinung wie der Seeheld Graf von Luckner, dabei in Wahrheit doch nur Fährmann Baumgartner, mit kantig gezeichnetem Gesicht und dem streifenförmig kurz gestutzten Oberlippenbärtchen. Gernot Plitz setzte ihm mit einem wunderbaren kleinen Film ein Denkmal.

Als Plitz 1969 seinen Film drehte, war Georg Baumgartner schon 74. Und immer noch lief das Geschäft passabel. „Nur, das Finanzamt wills wissen, hehe", bemerkte er mit hintergründig trockenem Lachen. 25 Pfennig kostete für Erwachsene ab 21 Jahren damals eine Überfahrt, die 10er-Karte zu 2 DM. Die Fahrpreise für Kinder und Jugendliche ab 3 Jahren waren vierfach gestaffelt. Hunde entsprachen preislich größeren Gepäckstücken. Nur dreimal innerhalb von 40 Jahren kam es zu Preiserhöhungen. Gezwungenermaßen, „weil immer alles teuerer geworden ist, der Treibstoff und Schmiere und überhaupt alles und die Haftpflicht".

Ohne Frage, dank seiner guten Gesundheit könnte er noch viele Jahre weiterfahren, dachte Georg Baumgartner. Tatsächlich war schon längst ein riesenhafter, drohender Schatten aufgetaucht. Seit 1967 entstand direkt neben dem Fährbetrieb die neue Schanzlbrücke. Vor der gewaltigen Baustelle wirkte die trotzig weiter hin und her pendelnde „Schwalbe" wie ein Was-

In der kleinen Kajüte: Pausen und Brotzeiten wurden immer auf dem Schiff verbracht.

serfloh vor einem Elefanten. Zunächst aber erwuchs aus dem Baubetrieb sogar ein Vorteil. Die Brückenarbeiter erwiesen sich als gute Kunden. Ja, mit den Arbeitern käme er gut aus, stellte der Fährmann fest: „In der Früh fahrns nüber und abends um Sechse fahrns wieder herüber. De sand recht vergnügt, trotzdem, dass schwer arbeiten miassen. Und a jeder, die meisten, zahlen mehrer ois wias zahlen miassaten". Doch Baumgartner war Realist genug, um klar zu sehen, dass mit der Brücke letztlich seine Existenz infrage stand. Aber er wollte weitermachen solange es denn eben geht. Vom Wasserbauamt hatte er es schriftlich, dass er auf der gewohnten Strecke auch in Zukunft trotz der Brücke weiterfahren könnte. Und dann kam doch alles ganz anders. Noch vor der Brückenfreigabe für den Verkehr wurde der Baumgartnersche Fährbetrieb amtlicherseits gesperrt, ganz abrupt, von einem Augenblick zum andern: „Man hat mir nicht einmal erlaubt, die am Ufer wartenden Leute nach Eggendobl herüberzubringen." Die Wasserschutzpolizei hatte an den Landestellen zu viele Mängel festgestellt. Zu deren Behebung fehlte Baumgartner das Geld. „Dass ich diese Summe nicht aufbringen kann, ist denen bekannt (...) Sie wissen also, dass sie meine Existenz vernichten." Die „Passauer Neue Presse" wetterte am 25. April 1970, die bösen Behörden hätten den wackeren alten Fährmann um sein Brot gebracht. Ein Kommentar des damaligen Oberbaurats legt tatsächlich den Verdacht nahe, dass es den Verantwortlichen ganz grundsätzlich um eine Schließung des Betriebs gegangen ist: „Außerdem ist Baumgartner 75 Jahre alt, also schon 10 Jahre länger im aktiven Dienst als üblich. Er fühlt sich zwar gesund, aber in diesem Alter muss man mit einem plötzlichen Schwächeanfall rechnen. Da wäre das Leben der Fahrgäste gefährdet." Es half nichts mehr. Die „Schwalbe" musste verkauft werden, ihr Fährmann Georg Baumgartner aber blieb bis heute unvergessen ...

Die drohende Kulisse wächst: Die „Schwalbe" vor der fortgeschrittenen Baustelle der Schanzlbrücke.

Für ein Fünferl

LAUT WIE EIN DONNERWETTER hörte man ihn aus dem Wärterhäuschen schimpfen. Wieder einmal war da jemand einfach frech und schnell am Kassefensterchen vorbeigehuscht. Ein kaltblütiger Mautpreller. Leider für Josef Binder nichts Besonderes. Er tat als letzter Brückenwärter Dienst an Passaus Fünferlsteg.

Seit uralten Zeiten, wohl schon seit der römischen Antike, bestand auf dem Inn eine Fährverbindung vom Kloster St. Nikola zur oberen Innstadt bei St. Severin. Wegen der Friedhöfe bei der Innstadt war sie außerordentlich stark frequentiert. So dachte man zur Jahrhundertwende in Reihen der Bürgerschaft darüber nach, den Fährbetrieb durch eine Fußgängerbrücke zu ersetzen. Da es der Stadt an notwendigen Mitteln fehlte, wurde Eigeninitiative an den Tag gelegt. 1908 rief Apotheker Paul Egger im Bayerischen Löwen die Versammlung der „Freien Bürgervereinigung" ein, um den Brückenbau zu diskutieren. Die Kosten schienen zu immens. Drei Jahre später dann ein neuer Anlauf. Das Ergebnis: Die „Innsteg-Aktien-Gesellschaft Passau", gegründet am 23. Dezember 1912. Ihr Zweck: „Erbauung

Die Mauttafel: Das „Fünferl" war einmal. Der Preisanstieg stieß auf Proteste und Empörung.

Ein bürgerliches Gemeinschaftswerk: der Hindenburgsteg über den Inn. Die Mautgebühr hat seinen eigentlichen Namen rasch verdrängt.

und Betrieb einer die Stadt Passau mit ihren Friedhöfen verbindenden Innbrücke, welche gegen Entrichtung eines Zolls dem öffentlichen Fußgängerverkehr gewidmet ist." Die Kosten beliefen sich auf 180 000 Goldmark. Rund 70 Passauer Bürger zeichneten Anteile im Wert von 130 000, die Stadt von 50 000 Goldmark. Am 2. Oktober 1916 wurde der „Hindenburgsteg"

offiziell eröffnet – eine 170 Meter lange, 2,5 Meter breite Eisenkonstruktion mit zwei Betonpfeilern und Widerlagern. Um die Kosten für den Bau und die Instandhaltung zu decken, wurden von den Brückennutzern 5 Pfennig Maut verlangt. Der angestellte Brückenwärter saß am linken Brückenkopf in seinem kleinen Mauthaus. Es dauerte nicht lang, da war der eigentliche Name schon passé und der Volksmund sprach nur noch vom „Fünferlsteg".

1916: Das eingeschwommene Mittelstück vor dem Hintergrund des Innstadtfriedhofs. Die bessere Anbindung des Friedhofs war ein Haupt-grund für den Brückenschlag, weshalb man gerne auch vom „Friedhofs-steg" gesprochen hat.

Trotz Erstem Weltkrieg und Weltwirtschaftskrise hatte die AG Bestand. In der Spitze konnten täglich bis zu 700, jähr-lich an die 500 000 Brückenquerungen verbucht werden. Dann das Fiasko: Vor Einmarsch der Amerikaner wurde der Steg am 30. April 1945 wie alle Brücken Passaus sinnlos von der SS ge-sprengt. Doch der Wiederaufbau ließ nicht lange auf sich war-

ten. Eine Erhöhung des Aktienkapitals sicherte die Finanzierung. An die 45 Tonnen Eisentrümmer konnten aus dem Inn geborgen und wieder verwendet werden. Am 29. August 1947 wurde die neue Brücke bereits eingeweiht. Und damit wurde auch die Tafel mit der Stegordnung und den Tarifen wieder angebracht: Die Brückenmaut von 5 Pfennig galt für alle einfachen Passanten ab vier Jahren. Weitere 5 Pfennig fielen für Kinderwagen, Schiebekarren, Fahrräder und Kleinvieh an. Mit Letzterem meinte man insbesondere Hunde. Für Esel und Hundefuhrwerke, größere Handkarren und Großvieh setzte

1916: Das Mittelstück ist bereits eingepasst. Der Hindenburgsteg steht vor seiner Vollendung. Lange wird er unter diesem Namen nicht geläufig sein ...

man 10 Pfennig extra an. Eine Jahreskarte gab es für 10 Mark, eine Monatskarte für Arbeiter für 50 Pfennig. Manche, darunter Krankenhaus- und Stadtbedienstete, Feuerwehrleute und Sanitäter, waren von der Maut befreit.

Um die Rentabilität zu sichern, wurde es ab 1960 teurer. Statt einem „Fünferl" forderte der Brückenwärter künftig gleich ein „Zehnerl" ein. Als zum 1. Januar 1973 dann die Preise nochmals um ein „Fünferl" anzogen und man sämtliche Vergünstigungen gestrichen hat, ging es den Passauern zu weit. Es hagelte Empörung und Proteste. Ja, viele wollten es grundsätzlich nicht mehr einsehen, innerhalb der Stadt privaten Zoll zu zah-

len. Vor allem jene nicht, denen der Entstehungshintergrund der Brücke nicht geläufig war. Immer mehr Bürger boykottierten den „Fünferlsteg" und nahmen stattdessen lieber den rund einen Kilometer langen aber kostenlosen Umweg über die Marienbrücke. Für den armen Brückenwärter Josef Binder brachen schwere Zeiten an. Dass man ihm die Münzen böse blickend wortlos auf die Theke warf, war er schon bald gewohnt. Was ihn aber weitaus mehr geärgert und verbittert hat: „Ich habe mich niemals in meinem Leben um ein Zehnerl streiten müssen, aber kaum war ich Brückenwärter – jeden Tag!"

1976 stand ein Jubiläum an – 60 Jahre „Fünferlsteg". Eigentlich ein Grund zum Feiern. Aktionäre und Geschäftsführung der AG sahen das ganz anders. Die Zahl der jährlichen Brückennutzer war inzwischen auf rund 300 000 geschrumpft. Tendenz weiter fallend. Zum wachsenden Unmut über die Mautforderung kam die zunehmende Mobilität durch Autos. Es half nichts. Vorstandsvorsitzender Dr. Zizlsberger musste feststellen, dass die Betriebs- und Instandhaltungskosten für die Brücke in keinem Verhältnis mehr zu den Einnahmen standen. Die Aktionäre hätten ihr gesamtes investiertes Kapital verloren. Und das, obwohl sich Vorstand und Aufsichtrat seit langem ohne jegliche Vergütung engagiert hatten. Eine weitere Anhebung des Brückenzolls kam nicht infrage. Die einzige Lösung des Dilemmas: Der „Fünferlsteg" wurde noch 1976 an die Stadt verkauft und die Gesellschaft aufgelöst. Brückenwärter Binder aber genoss fortan seine Pension und aus seinem kleinen Mauthaus wurde eine Kneipe. Ihr erster Name: „S'Fünferl".

Das alte Mauthaus am nördlichen Brückenkopf. Auf diesem Foto längst schon eine Bar. Hinter den Gitterfenstern saß der Mautner an der Kasse.

Badefreuden anno dazumal

EIN EIGENES BADEZIMMER? Fließend warmes Wasser?
Davon konnten noch bis in die 60er-Jahre viele Passauer nur
träumen. Wer sich trotzdem eine komfortable „Vollreinigung"
leisten wollte, den zog es mit Seife und Handtuch bewaffnet
in ein öffentliches Wannenbad. Das größte war seit 1889 das
städtische Warmbad in der Heilig-Geist-Gasse, eingerichtet in
den historischen Räumen des früheren Franziskanerklosters
St. Anna. Ein gemischtes Bad für Frauen und Männer. Zu
den Kunden gehörte in den 50er-Jahren als Kind auch Alois
Feuerer: „Wir hatten nur eine kleine Zweizimmerwohnung in
der Wittgasse. Nur ein Waschbecken und zwei Toiletten für
30 Etagenbewohner. Einmal die Woche sind wir da zum Baden in die Heiligeist-Gasse. Das war ja nur 5 Minuten weg. Da

*Das städtische Wannenbad in der Heiliggeistgasse, ursprünglich das
1564 gegründete Franziskanerkloster St. Anna.*

Einblick in die Badezellen: schlicht und funktional. Nach jedem Bade-
gang wieder blitzblank gereinigt.

war ein Warteraum wie bei einem Arzt. Da sind dann bis zu
20 Leute dagesessen und haben gewartet, bis man aufgerufen
wurde." Dreizehn Wannenkabinen und sechs Duschräume –
die meisten im einstigen Klosterkreuzgang eingebaut – standen den Waschbedürftigen zur Verfügung. Alle in Maueroptik
weiß gefliest und stets peinlichst gereinigt. War die halbe Stunde Badezeit vorbei, sorgte im Anschluss gleich die Badefrau mit

Atta, Schwamm und Lumpen für die Wiederherstellung des Vorzustands.

1955 zählte man noch an die 20 000 Aufenthalte. Gekommen sind einfache Leute aus allen Teilen der Stadt, die meisten davon Stammkunden. Im Bad kam man zusammen, nutzte die Wartezeit zum Ratsch, knüpfte Kontakte. Aber der Strom der Kunden nahm zusehends und immer schneller ab. Kein Wunder. Für Neubauwohnungen waren Bäder schließlich Standard. In immer mehr Altbauten rüstete man nach. 1969 hatte sich die Zahl der wahrgenommenen Badeeinheiten auf rund 6000 reduziert. Die Folge: eine rapide Zunahme des Defizits. 1965 hatte sich die Stadt bereits gezwungen gesehen, den Badepreis auf einen Schlag drakonisch zu verdoppeln. Für ein Wannenbad mit Fenster mussten künftig 2 DM, für ein fensterloses 1,50 DM und für eine Dusche 1 DM bezahlt werden. Auch die Öffnungszeiten strich man nach und nach zusammen. Von fünf Badetagen blieben bis 1968 nur noch ganze zwei – Freitag und Samstag. Die übrigen drei Wochentage wurde Bademeister Völkner, sehr zu seinem Unwillen, in der trockenen Stadtverwaltung eingesetzt. Die Lösung des Problems erreichte man auf diese Weise nicht. 1969 musste die Stadt jeden einzelnen Badespass der Bürger mit 5 DM bezuschussen. Im Stadtrat war man einig: So konnte es nicht weitergehen. Schon Jahre vorher hatte man sich attestieren lassen, dass ein öffentliches Warmbad keine zwingende Pflichtaufgabe für eine Gemeinde sei. Im Unterschied zu Schwimmbädern galten Reinigungsbäder nicht als gemeinnützig. Die Tage des städtischen Warmbads in der Heiliggeistgasse waren gezählt.

Nach einem Stadtratsbeschluss vom 12. Dezember 1968 stand fest: In den Unterhalt der Einrichtung wird nicht mehr investiert. „Wenn der Heizkessel platzt, wird das Warmbad geschlossen." Viele noch immer wannen- und duschelosen Passauer waren empört. Mehr als 200 Betroffene protestierten in einer Unterschriftenaktion gegen die geplante Schließung. Beteiligt

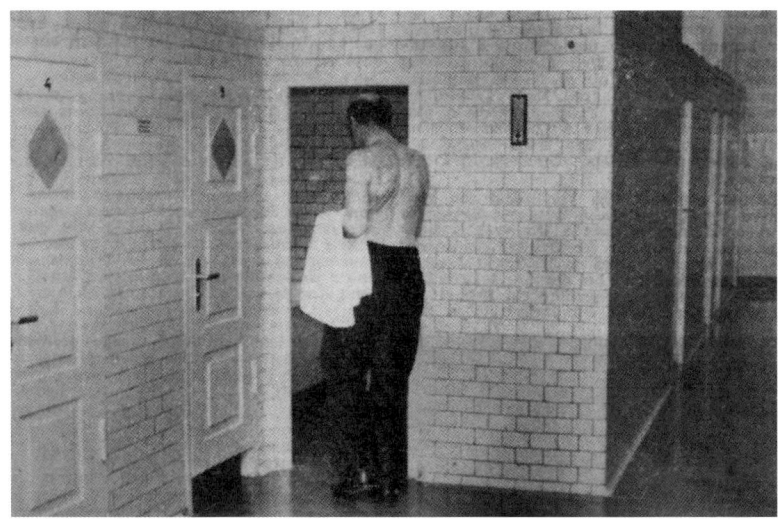

Ein Badegast kurz vor dem Ziel ...

hatten sich vor allem Badegäste aus der Spitalhof-, Neuburger-
und Breslauer Straße, der Lederer-, Schrott- und Höllgasse,
aus dem Lindental, aber auch „Auswärtige" aus Tittling, Fürstenzell und Pfennigbach. Es half nichts mehr. Nachdem der
Heizkessel entgegen den Erwartungen doch nicht willens war,
von selbst das Zeitliche zu segnen, wollte die Stadt nicht länger warten. 1970 erfolgte die Betriebsaufgabe – zeitgleich mit
der Saison-Öffnung des städtischen Freibads auf der Bschütt.
Mit den hier vorhandenen vier Warmbrausen sollte den hei-
matlos gewordenen Badekunden aus der Heiliggeistgasse sofort ein möglicher Ersatz geboten sein. Eine Zeit lang gab es
noch zwei weitere Ausweichmöglichkeiten: Da war zum einen
die Warmbadeanstalt im Keller des alten AOK-Hauses an der
Ecke Nikolastraße/Innstraße – heute Sitz der VHS. Sie war
jedoch in erster Linie medizinischen Behandlungen und The-
rapien zugedacht. Wer hier bloß zur Reinigung oder des Ver-
gnügens halber baden wollte, musste mitunter lange warten.
Blieb alternativ das private „Nibelungenbad" von Georg Rei-
chelt im Komplex des ehemaligen Klosters Nikola. Es konnte mit drei Badewannen aufwarten, die halbe Badestunde zu

2,50 DM. Das Nibelungenbad wurde sonst vor allem aber wegen seiner Sauna und der mit ihr verbundenen Anwendungen aufgesucht, weshalb man hier auch „bessere" Kundschaft traf. Die Duschen waren an den Saunabetrieb gebunden, Männern und Frauen somit nur an separaten Tagen zugänglich. Einerlei – die Tage öffentlicher Warmbäder zur Körperreinigung waren ohnehin bald endgültig vorbei, der Bedarf nicht mehr vorhanden. Auch das Nibelungenbad ist letztendlich verschwunden. Hier büffeln mittlerweile längst Studenten.

Was Alois Feuerer betrifft: Er besucht noch heute gern die alte Badestätte in der Heiliggeistgasse. Freilich nicht mehr um vergnügt zu plantschen, sondern um sich hier erlesene Kunstausstellungen in den von Badezellen befreiten Klosterräumen anzusehen.

An da Ua

JAHRZEHNTELANG WAR SIE in Passau der Treffpunkt schlechthin. „Um zwoa an da Ua": Hat man sich so verabredet, war alles klar, nichts weiter zu erklären oder zu überlegen. Jeder wusste, „die Uhr", das ist die Standuhr vor der Nibelungenhalle. Hier hat man hartnäckig gewartet, Ausschau gehalten, freudestrahlend gewunken, gerufen, wurden tüchtig Hände geschüttelt oder vertraute Busserl ausgetauscht. Unzählige Begrüßungsrituale und Abschiedsformeln haben sich Tag für Tag hier abgespielt. Hier traf man sich auch wieder, wenn man sich im Stadtgedränge oder auf den Dulten mal verloren hat.

Angefangen hat es 1959. Damals genehmigte die Stadtverwaltung der Westfa Werbung GmbH aus dem ostwestfälischen Herford gegen eine jährliche Gebühr von 200 DM vor dem Haupteingang der Nibelungenhalle eine „Normaluhrensäule"

Politischer Aschermittwoch 1982: Franz Josef Strauss spricht in der Nibelungenhalle (2004 abgerissen) und draußen steht sie noch – die „alte" Uhr von 1959. Sie war der Treffpunkt schlechthin.

mit Werbeflächen aufzustellen. Eine unbedingte Schönheit war sie nicht. Eher zweckmäßig und schlicht: Ein hoher Vierkantpfeiler für die Werbung und ganz oben auf ein Uhrenwürfel – im Prinzip nichts anderes als eine rechteckige Litfaßsäule mit bekrönender Zeitanzeige. Und doch. Bald wurde sie so etwas wie der Passauer „Big Ben". Für viele war sie schließlich Teil der Stadt wie Passaus Dom, nur mit dem Unterschied, dass sich am Dom niemand getroffen hat, an der Uhr dagegen alle Welt. Und das Geheimnis des Erfolgs? Zum einen klar die ideale Lage am zentralen Halt der Stadtbusse und an den größten Veranstaltungsorten der Stadt: der „Niha" und dem kleinen Exerzierplatz. Charly Synek bringt es auf den Punkt: „Die Zentralität war entscheidend und unverwechselbar. Und außerdem hat´s halt die Zeit anzeigt. Wenn man sich ausg'macht hat um Viertel nach Viere, dann hat man g'wusst, es ist Viertel nach Viere, weil man´s direkt gesehen hat. Es hat ja noch nicht jeder eine Armbanduhr gehabt."

Das Nachfolgemodell von 1997.

Anfangs war lange eine schöne junge Frau auf den vier Werbetafeln an der Uhr zu sehen. Das wehende lange Kleid, der Hut, das Lächeln – alles in strahlend sauberem Weiß: Eine einprägsame Waschmittelwerbung, weshalb für geraume Zeit auch die Bezeichnung als „Persiluhr" üblich war. Andere sprachen von der „Normaluhr" oder von der „Niha-Uhr", die meisten aber eben schlicht nur von „der Uhr". Seit 1972 ist sie von der Deutschen Städte-Reklame, der späteren Firma „Ströer Deutsche Städte-Medien GmbH" in Köln betrieben worden. Diese ließ das legendäre Originalmodell schließlich nach 25 Jahren durch einen neuen, 4,5 Meter hohen Uhrenständer – Werbe- und Uhrenkubus waren hier auf einer runden Standsäule montiert - ersetzen. Passaus Bauunternehmer Thomas Schuett erhielt den Auftrag für das Säulenfundament. Das ausrangierte Original sollte er eigentlich verschrotten, stattdessen hat er es gerettet. Er nahm es mit nach Hause. Für Schuett nostalgische Verpflichtung: „Erinnerungen und Geschichten wirft man nicht so einfach weg. Das wollte ich der Uhr nicht antun." Er selbst hat sich mit seinen beiden Söhnen ungezählte Male an der Uhr getroffen, vor allem, um von hier aus auf die Dult zu gehen. Bis 2003 fanden die Dulten, Passaus Jahrmärkte, noch auf dem kleinen Exerzierplatz statt.

Für Thomas Schuett hatte die alte Uhr Persönlichkeit, mehr als die neue allemal. Dennoch hatte sie im wahrsten Wortsinn schließlich unter ihm zu leiden. Ein leichtsinniges Missgeschick im Garten: Beim Zwetschgenpflücken griff er einmal statt zur Leiter auf die günstig stehende Uhr zurück und ist prompt mit ihr umgekippt. Der kreative Pflücker hat das Abenteuer gottlob leidlich unbeschadet überstanden. Nicht so allerdings die Uhr. Sie wurde kräftig ramponiert, ihr Metallgestell verbogen. Damit war der ursprüngliche Plan, sie auf dem Areal der ehemaligen Didier-Werke wieder öffentlich in neuem Glanz zu präsentieren, bis auf Weiteres passé. Die Uhr wurde in ihre einzelnen Bestandteile zerlegt, um sie sorgfältig zu restaurieren. Bei dem Plan ist es dann allerdings geblieben. Seither ruht Passaus Uhrenmythos immer noch als Bausatz im Dornröschenschlaf.

Das dritte und wohl auch das schönste Uhrenmodell an altem Platz. Aber der alte Mythos ist Geschichte, genauso wie die legendäre Nibelungenhalle, die 2004 neuen Kommerztempeln gewichen ist.

Und was wurde aus dem Ersatzmodell? Auch dessen Zeit lief schneller als erwartet ab. Passaus „Neue Mitte" forderte ihren Tribut: 2005 musste die zweite Uhr einer Anlage von neuen Kabelstraßen weichen. Immerhin: Der neue Eigentümer ihrer Standfläche – die Kapfinger Immobilien GmbH – ließ als erinnernde Hommage sodann ein drittes Uhrenmodell platzieren, sogar im Stil echter Persil-Uhren der 20er-Jahre. Doch trotz allen Bemühens – die Zeit, als „die Uhr" als Treffpunkt jedem Passauer geläufig war, ist seit der völligen Veränderung des Umfeldes wohl für alle Zeit vorbei. Heute trifft man sich nicht an der Uhr, sondern am ZOB – dem zentralen Omnibusbahnhof gleich gegenüber.

Fort Apache

ES WAR EIN UNGEWOHNTER ANBLICK, als sich plötzlich vor dem Gittertor ein Posten in zivil befand. Am Arm eine weiße Binde mit der Aufschrift „Wach- und Schutzdienst Greif". Einen Tag zuvor, am 15. Oktober 1957 war die US Army ohne viel Aufhebens aus der Kohlbruck-Kaserne abgerückt. Nach der Gründung der Bundeswehr 1955 waren die Amerikaner allgemein bemüht, möglichst viele Kasernenbauten für die Deutschen zu räumen. Mit dem Abzug aus Kohlbruck war Passaus Zeit als US-Truppenstandort allerdings noch nicht vorbei. Die abziehenden Einheiten ersetzte zunächst die 619. Pionier-Kompanie. Als neues Quartier wurde der amerikanische Motorpool neben der ehemaligen Maierhofkaserne an der Innstraße zum „Fort Apache" ausgebaut.

Die Verhältnisse im „Fort Apache" waren alles andere als komfortabel. Für Oberstleutnant Billard vom zuständigen US-

Vor 1957: Die Zufahrt zum amerikanischen Motorpool an der Innstraße, das spätere „Fort Apache".

Headquarter in Landshut gab es nach vier Jahren keinen Zweifel: „Unsere Soldaten sind in dem kleinen Gelände aufeinander gepresst, wie sonst nirgends, die Zu- und Abfahrt ist schlecht. Wenn nicht die Passauer so nett zu den Soldaten wären, für sie wäre Passau sonst wie ein Straflager." Für die netten Passauer Anwohner hatte sich das Fort freilich schon bald als satte Zumutung herausgestellt: Der bis tief in die Nacht noch tönende Musicbox-Lautsprecher und der allgemeine Lärmpegel am Tag waren dabei noch das Wenigste. Was die Nachbarschaft in Maierhof aber zur Weißglut brachte, waren die Fahrzeuge im Motorpool, speziell die Panzer. Man war sich einig: „Die Amerikaner selber sind so nett, aber ihre Panzer machen uns noch kaputt." Ein betroffener Junge äußerte sich deutlicher: „Ich könnte die Dinger da in die Luft sprengen!" Kein Wunder. Alle zwei Stunden ließen die Amerikaner im Winter sämtliche Militärfahrzeuge starten und warmlaufen, verbunden mit ungezählten explosionsartigen Fehlzündungen. Ein Höllenlärm, der in den angrenzenden Wohnhäusern Fenster, Türen und

Noch wehen die „Stars and Stripes" über dem „Fort Apache".

Der Fahrzeugpark der Amerikaner: lange eine nervenzehrende Belastung für die Anwohner.

Geschirr vibrieren, Tische wanken, Putz bröckeln und selbst die Rohre der Dampfheizungen erzittern ließ. Ans Schlafen war für viele Anlieger zur Nacht nicht mehr zu denken. Dabei war es beileibe nicht unbedachte Rücksichtslosigkeit, mit der man unablässig malträtiert wurde. Ständige Einsatzbereitschaft muss gegeben sein, lautete die klare Vorgabe der NATO. Der kalte Krieg verlangte seinen Preis. Oder, wie es Oberstleutnant Billard formulierte: „Wir haben eine Mission zu erfüllen, wir müssen die Freiheit verteidigen, auch die Freiheit der Passauer … Was ist Ihnen lieber, der Russe oder unsere Panzer?"

Kein Trost für die zermürbten Anlieger, denen auch die Abgase zu schaffen machten. Man wehrte sich. 64 Familien taten sich zusammen und schilderten wiederholt in bitteren Briefen an die Stadtverwaltung, an das Gesundheitsamt und die Regierung von Niederbayern die untragbaren Zustände. Der betroffene Fabrikant Dr. Atzinger wurde sogar persönlich bei der Regierung und der US-Armee in Landshut vorstellig. Die Unerträglichkeit der Lärmbelästigung fand sich in Messungen bestätigt. Die Bemühungen zeitigten bis zum Frühjahr 1961 Wirkung: Oberstleutnant Billard erteilte nochmals strikten Befehl, das Warmlaufen der Militärfahrzeuge auf ein absolut nötiges Mindestmaß zu reduzieren. Oberleutnant Corckery, damals Kommandeur des Motorpools, garantierte bestmögliche Umsetzung: „Schließlich liegt uns sehr viel daran, das gute Einvernehmen zwischen uns und den Passauern in keiner Weise zu trüben." Und tatsächlich, bald stellte die geplagte Nachbarschaft erleichtert fest: „Die Amis bemühen sich, so ruhig wie möglich zu sein" und „mit früher gar kein Vergleich mehr". Die US-Armee erklärte sich sogar bereit, den Motorpool komplett zu verlagern, würde ihr die Stadt ein besser geeignetes Gelände zur Verfügung stellen. Doch dazu kam es nicht. Immerhin wurden 1963 aber wenigstens die Panzer hinaus in den Neuburger Wald verlegt, wo schon ein Munitionsdepot vorhanden war. Es war der Auftakt zum Finale.

Das Banner wird endgültig eingerollt ...

Am 8. Februar 1964 pünktlich um 7 Uhr standen die US-Soldiers von „Fort Apache" stramm und vollzählig vor ihrem Fahnenmast. Zum letzten Mal. Das Sternenbanner wurde eingeholt und in feierlichem Ernst von Oberleutnant Brodsky eingerollt. Nur eine halbe Stunde später war der Motorpool dann bereits aufgehoben und verlassen. Durch die Stationierung einer Bundeswehreinheit in Passau waren die GI's nicht mehr vonnöten. Für die Motorpool-Besatzung hieß das Rückführung zu ihrer Stammeinheit, dem 11. Kavallerie-Regiment in Regensburg. Der Abschied fiel nicht leicht. Viele Soldaten hatten in Passau Freundschaften geknüpft. Besonders waren über den abrupt befohlenen Abzug diejenigen bestürzt, die sich in Passauerinnen verliebt und teilweise bereits verlobt hatten. Wie Passaus Neue Presse zu berichten wusste, wollte einer der Betroffenen sogar noch flugs zum Standesamt marschieren, um nicht sein „Girlfriend" zu verlieren. Einerlei, es war nichts mehr zu ändern. Passaus Zeit als US-Militärstützpunkt war endgültig zu Ende. Wehmütig stellte Oberleutnant Brodsky noch zum Abschied fest: „Wir werden Passau nicht vergessen."

Affäre Spitzweg-Bar

„MEI HASTES SCHO GHEAT? ... und dann hams in die Maßkriag nei ..." So ähnlich muss es allenthalben hinter vorgehaltener Hand geklungen haben. Keine Frage. Er war seinerzeit in aller Munde. Und noch heute ist er älteren Passauern ein schillernder Begriff: der berüchtigte Skandal um Passaus Spitzweg-Bar. Was war geschehen? Anfang Juni 1964 hatten Kriminalbeamte der Passauer Stadt- und Landpolizei blitzartig zugeschlagen, den Geschäftsführer der Bar, Martin Matthäus S., vorläufig festgenommen und das Nachtlokal in der Ludwigstraße geschlossen. Wegen Verstoßes gegen das Gaststättengesetz und „mangelndem sittlichen Verantwortungsbewusstsein" entzog der Stadtrat der mit S. verlobten Pächterin der Bar die Konzession. Vorausgegangen war der anonyme Hinweis, dass es hier schon seit zwei Jahren ständig nach der Sperrstunde zu „Unzuchtshandlungen" zwischen Gästen und den Bardamen des Etablissements gekommen sei. Das klang nach verbotener Kuppelei, nach heimlichem Bordellbetrieb.

Was da in Zeugenaussagen geschildert und in Passaus Neuer Presse ausführlich berichtet wurde, trieb der anständigen Bürgerschaft der altehrwürdigen Bischofsstadt die Schamesröte ins Gesicht: Um 3 Uhr schloss die Bar offiziell, aber freilich nicht für die betuchte Stammkundschaft. Die sei regelmäßig und oft bis zum Morgengrauen verblieben, um insgeheim pikanten Dingen nachzugehen, „denen es an Obszönität nicht fehlte". Die Bedienungen hieß es, boten den verschworenen Gästen mit entblößtem Oberkörper nicht nur sündhaft teure Getränke, sondern insbesondere sich selber an. Als „Säule der Firma" soll sich laut einer damaligen Angestellten eine gewisse „Lilly" engagiert haben: „Die war kein ganz junges Mädchen mehr, aber mit den Männern ganz schön tüchtig." Zur Anregung sei man verschiedenen frivolen Spielchen nachgegangen, von denen das „Pfänderspiel" – begonnen in Unterhose und Bikini – nach süffisanter Presseanmerkung noch eins der harmlosesten gewesen sei. „Auf eine nicht alltägliche Art und Weise" hätten auch Bänke und Fußböden als lustvolle Spielwiesen fungiert. Von Mund zu Mund gingen und gehen bis heute noch ganz andere Geschichten, wobei sich allerdings wohl auch die Fantasie der Unbeteiligten tüchtig entfaltet hat. Eine ganz besondere unter den verbürgten Peinlichkeiten resultierte aus den

Ein Stadtpolizist vor der berüchtigten „Spitzwegbar" in Passaus Ludwigstraße.

ungünstigen Raumverhältnissen. Die Toiletten der Keller-Bar befanden sich ebenerdig an der offenen Hauseinfahrt, die die Gäste im Bedürfnisfall durchqueren mussten. Der Weg dorthin barg nach der Sperrstunde das Risiko aufmerksamen Streifepolizisten aufzufallen. Eine Gefahr, die tunlichst zu verhüten war. Also ergriff man eine handfeste Ersatzlösung: Maßkrüge, die man sich zur gefälligen Erleichterung unter den Tischen munter hin und herreichte. Ein klarer ordnungsrechtlicher Verstoß gegen die Hygienevorschriften.

Für zusätzlichen Zündstoff sorgte die in Windeseile rumgesprochene Erkenntnis, dass die erfinderischen Liebhaber der Spitzweg-Bar hauptsächlich ehrenwerte, hoch geschätzte Herren „aus den sogenannten besseren Kreisen der Passauer Gesellschaft" waren. Deren moralisch zweifelhaftes Treiben war strafrechtlich jedoch nicht von Belang. Anders verhielt es sich mit dem Geschäftsführer Matthäus S. Soll der doch seine Bardamen nicht nur ausdrücklich zur zärtlichen Betreuung seiner Gäste angehalten, sondern ihnen auch noch großzügig seine Privatwohnung für intimere Zusammenkünfte überlassen haben. Dem Tatbestand der Kuppelei war nachzugehen. Etliche Zeugen wurden einvernommen, um die Vorgänge im Einzelnen aufzuklären. Ihre Aussagen stießen im Amtsgericht auf größtes Interesse: Eine damals dort Beschäftigte erinnert sich: „Die Vernehmungsakten gingen im Haus heimlich von Hand zu Hand. Da war ja jeder neugierig."

Das eingeleitete Verfahren zog sich erheblich in die Länge. Es kam zu bedenklichen Spekulationen. Nach einem halben Jahr stellte Passaus Presse fest: „Die Öffentlichkeit munkelte schon, die Justiz habe den Fall absichtlich einschlafen lassen, da der Einfluss aller Beteiligten entsprechend groß sei. Andere wieder glaubten zu wissen, dass der Prozess schon längst und gewissermaßen hinter verschlossenen Türen beendet wurde und alle Delinquenten freigesprochen worden seien." Tatsächlich war Geschäftsführer Matthäus S. kaum wegen Kuppeleiverdachts

Angeklagter Matthäus S. schützt sich im Gerichtssaal vor lästigen Fotografen.

in Untersuchungshaft genommen, gleich mit einem weiteren Vorwurf konfrontiert worden: Eine ehemalige Geliebte bezichtigte ihn der gemeinschaftlich mit einem Freund begangenen Vergewaltigung. Das dann als erstes betriebene Notzuchtverfahren endete jedoch in einem glatten Freispruch aus Mangel an Beweisen. Den Angeklagten war es erfolgreich gelungen, das Opfer als nymphomanes, „leichtes lockeres Ding" und „junge Lebedame" darzustellen, bei der es in „eindeutigen Situationen keiner besonderen Überredungskünste bedurft" hätte. Zu diesem Zweck berichtete Matthäus S. von mehrköpfigen frivolen Badewannen-Arrangements der Klägerin, insbesondere und ausgerechnet aber auch von deren freizügigem Agieren auf dem Fußboden der Spitzweg-Bar. Vorgänge, die die Betroffene in der Verhandlung nicht bestritten hat. Mit dem Freispruch im Notzuchtverfahren erfolgte am 30. Juli 1964 auch die Aufhebung der gegen S. verhängten Untersuchungshaft.

Zum Prozess in Sachen Kuppelei kam es dann erst im Juli 1965. In ersten Vernehmungen durch Kripo und Staatsanwaltschaft hatten die Bardamen noch offen „ausgepackt". Ja, ihr

Chef habe sie animiert, doch nicht zu kleinlich zu sein, wenn ein Gast mal etwas mehr an Zärtlichkeit verlangt hätte: „Na ja, a bisserl auszog'n hama uns scho, aber der S. ko nix dafür. De Gäste ham eahm dazu ermuntert. Und doss ma öfter oahn am Zimmer drobn g'habt ham, dös glaub i, woaß er net." Der Angeklagte Ex-Geschäftsführer Matthäus S. stritt Kuppelei denn auch beharrlich weiter ab, musste letztlich aber doch das eine oder andere der pikanten „Spitzweg-Spielchen" eingestehen: „Das mit dem Krug stimmt, aber es war kein Maßkrug, sondern ein Zierkrug". Nichts desto trotz bemerkte er herunterspielend zu den eingeräumten Vorgängen: „Es war durchaus nichts Besonderes."

Nach sechseinhalbstündiger Sitzung war der Tatbestand der Kuppelei aus Sicht des Staatsanwalts erwiesen. Er plädierte vehement für eine Gefängnisstrafe, da sonst „ein Abgleiten der Gesellschaft drohe" und man eine Geldstrafe doch nur als „Eintrittsgeld für derartige Aufführungen" betrachten würde. Und wie befand das Schöffengericht? Schuldig wegen Kuppelei und Veranstaltung verbotener Glücksspiele. Das in Passaus Presse kund getane Strafmaß? Ein Monat Haft, ausgesetzt auf zwei Jahre zur Bewährung und 500 DM Geldbuße.
Ein mehr als bescheidener Urteilsspruch, verglichen mit dem großen Aufwand, den der Fall verursacht und den immensen Wellen, die er geschlagen hatte. So endete die Spitzweg-Affäre beinahe wie das berühmte „Hornberger Schießen". Beinahe, hätte nicht das Landgericht die Strafaussetzung zur Bewährung dann am Ende doch noch widerrufen. Einerlei. Nach vier Jahren war die Sache endgültig vorbei und Gras wuchs langsam über die Affäre. Zur großen Erleichterung der betroffenen Honoratioren, die sich – allen misslichen Gerüchten zum Trotz – fortan nach außen wieder gänzlich unbedarft als gut katholische und biedere Ehrenmänner präsentieren konnten.
Sei es wie es sei. Die Affäre um Passaus Spitzweg-Bar war weder der erste, noch der letzte Sittenskandal, der die Einwohner der Bischofsstadt beschäftigt hat.

Ins Witt'

ECHTES WIENER FLAIR in Passau? Ja, das gab es! Spätestens seit dem 19. Januar 1898, als am Ludwigsplatz – der damals noch „Ludwigsthorplatz" hieß – das legendäre „Café Wittelsbach" eröffnet hat. Alte Fotografien zeigen den hallenartig hohen Gastraum mit einem Jugendstil-Ambiente, wie es besten Wiener Kaffeehäusern der Belle Epoque entsprochen hat: Klassische, aus hölzernen Rundstäben geformte Kaffeehausstühle, kreisrunde weiße Marmortische auf gusseisernen Füßen, gepolsterte Banknischen an dunkel vertäfelten Wänden, zahlreiche an Kleiderhaken aufgehängte Zeitungen und selbstverständlich auch zwei Billardtische. Über dem mit reichem Ornament gerahmten Thekenbogen prangten anfangs eine Büste des Prinzregenten Luitpold und eine Uhr, an den Wänden große Bogenspiegel und ein monumentales Historiengemälde, den „Einzug der kurfürstlich-bayerischen Truppen in Passau nach Aufhebung des Fürstentums 1803" darstellend. Und wie es sich für ein ordentliches Kaffeehaus gehört, war das Wittelsbach schon bald beliebter Aufenthalt für Schriftsteller und Künstler. Hans Carossa und Alfred Kubin verkehrten hier, genauso wie Max Peinkofer und Heinrich Lautensack. Carossa berichtet vom „stark besetzten Café Wittelsbach" mit „vielen gemütlich Karten spielenden Bürgern" (An einem Frühlingstag des Jahres 1910). Bei Lautensack, der hier auch schrieb, heißt es: „Was dank' ich dem allzeit muntern Burschen an Lachen über seine drolligen und dabei trockenen Redensarten allein schon in vielen Stunden einstmals im Wittelsbacher Café! Ob er Billard spielte oder österreichisch tarockierte; ob er chineselte oder törtelte" (Unpaar 1926). Kurze, knappe Anmerkungen die aber doch die Atmosphäre, die hier damals herrschte, klar und eindringlich zum Ausdruck bringen.

Ab 1936 betrieb Anton Weinzierl das Café. Er geriet in Konflikt mit Oberbürgermeister Max Moosbauer, einem eingefleischten Nationalsozialisten. Weinzierl selbst war NSDAP-

*Am Anfang ein nobles Wiener Caféhaus hinter schmucker Front: Das
alte Café Wittelsbach nach der Jahrhundertwende.*

Mitglied, 1939 nach zwei Jahren aber scheinbar wieder ausge-
treten. Moosbauer ließ ihn am 2. Oktober 1939 drohend wissen:
„Nach einer eingegangenen Nachricht sind Sie dem Trun-
ke ergeben: Sie machten in einem hiesigen Hotel Krach und
wurden aus dem Lokal verwiesen. Sie behandeln Ihr Personal
nicht so, wie es im nationalsozialistischen Reich verlangt wird.

Wenn mir nochmals eine Klage zugeht, werde ich sofort die erforderlichen Schritte gegen Sie einleiten." Am 7. April 1940 beging Weinzierls Ehefrau Rosalie in der Privatwohnung über dem Café Selbstmord mit Gas. Oberbürgermeister Moosbauer drängte nun vehement, Weinzierl unverzüglich zur Wehrmacht einzuziehen. Erfolgreich. Weinzierl wurde einberufen und das Café infolgedessen vom 3. Juli 1940 an für fünf Jahre geschlossen. Die goldene Phase als mondänes, in der Hauptsache von gut betuchten Herren frequentiertes Jugendstil-Kaffeehaus war damit vorbei.

Nach dem Zweiten Weltkrieg lebte der Betrieb zwar wieder auf, doch mit verändertem Charakter. Anton Weinzierl hatte Glück. Er hat den Krieg überlebt und sich heil wieder nach Passau durchgeschlagen. Seine eingetretene Distanz zur NSDAP erwies sich jetzt als großer Vorteil. Schon zum 8. August 1945 gab er die Wiedereröffnung des Cafés bekannt. Doch statt „Café Wittelsbach" hieß es nun „51. Squadron – Troopers Tavern" an der Außenwand. Weinzierl verwandelte das Jugendstil-Café zur Snack- und Ice-Cream-Bar, zum Stammlokal für die US-Besatzungstruppen. Die beiden hohen Bogenfenster waren in

Das Wittelsbach als „Troopers-Tavern"

dieser Zeit – wohl sicherheitsbedingt – im unteren Drittel mit blickdichtem, hellem Stoff verhangen. Irene von Kutschenbach erinnert sich: „Auf dem Ludwigsplatz und beim Wittelsbach standen immer viele amerikanische Militärfahrzeuge. Um das Café sollten wir Mädchen damals einen großen Bogen machen."

Nach Anton Weinzierl und den GIs war es dann die Brauerei Lang aus Jandelsbrunn, die das Lokal 1952/53 aufwändig umbauen und in zeitgemäßem Stil mit neuer Ausstattung versehen ließ. Die großen Fensterbögen der Fassade ersetzte man durch je zwei Rechteckfenster mit barock geformten Oberlichtern, im Inneren wurde eine großzügige Emporengalerie mit Treppenaufgang eingebaut. Der alte Name „Café Wittelsbach" kehrte zurück und prangte fortan wieder auf der Hauswand. Eine zweite goldene Zeit brach an. Doch statt klassischer Kaffeehaus-Ruhe mit dezenten Löffelklängen und Zeitungsblättern herrschten künftig schwungvolle Musik und rhythmische Bewegungen: Das neue Wittelsbach wurde zu „dem" Passauer Tanz-Café der 50er- und 60er-Jahre.

Zu den ungezählten Stammkunden, die mit Begeisterung kurz und knapp „ins Witt'" gezogen sind, gehörte in den 60ern als Teenager auch Lisa Huber: „Mei, für mich und meine Clique war ja das Witt' wie zweite Heimat. Das war für uns der Traum. Eigentlich war das vor allem ein Nachtlokal. Aber wir waren damals noch so jung. Wir durften nur am Sonntag zum Vier-Uhr-Tee gehen. Der war eigentlich ja erst um fünf, aber Vier-Uhr-Tee hat es geheißen." Zum Tanztee traf sich die tanzfreudige Jugend unter 21. Auch Wolfgang Sass aus Fürstenzell und seine Freunde haben damals in der Woche dilettantisch aber fleißig Tanzschritte geübt: „Der Tanztee im Witt' war für uns einfach toll, da hat man ja ganz offiziell die Möglichkeit gehabt, den Mädchen mal ganz nah zu kommen." Allerdings, weiß Charly Abelein noch zu ergänzen, brauchte man auch das passende Gewand: „Wir haben uns an Anzug angezogen,

Cafe Wittelsbach am Ludwigsplatz

Das „Witt'": Impressionen aus dem Tanzcafé der 50er und 60er.

Krawatte um. Weil, ins Wittelsbach hast ohne Anzug gar nicht eina dürfen." Lisa Huber erinnert sich an die gepflegten Umgangsformen: „Das war noch Etikette. Da ist man noch zum Tanzen aufgefordert worden. Totale Disziplin haben wir halten müssen." Und dass die auch wirklich eingehalten wurde, dafür sorgten als Betreiber in den 60ern die Eheleute Gasteiger. Lisa hat sie noch vor Augen: „Beide waren schlank und groß. Ganz strenge Leute waren das. Anständig und zuvorkommend, aber streng. Die sind vorne gestanden und haben schon immer geschaut wer rein und raus geht. Der Gasteiger, der ist teilweise schon da gestanden mit einem kleinen Gummi- oder Lederknüppel. Und wenn es spät wurde, dann haben die sich von den Jüngeren den Ausweis zeigen lassen. Und wenn einer aufgemuckt hat, dann war schon der Knüppel da."

Lisa schwärmt noch immer vom gediegenen Ambiente, das das Café damals besessen hat. Für Jugendliche war der Aufenthalt im Witt' freilich nicht gerade billig: „Das Getränk hat um drei Mark gekostet. Das war damals viel Geld für uns. Wir haben da Sinalco mit Eierlikör oder Cola-Whiskey bestellt. Da musste ein Glas für den ganzen Abend reichen. Teilweise haben wir dann aber nicht mal ausgetrunken. Wir hatten ja gar keine Zeit, wir haben ja ständig getanzt." Und getanzt wurde im Wittelsbach ausschließlich nur zu Live-Musik. Hier haben erstklassige Bands gespielt. Lisa sind immer noch die „Bambis" mit ihrem Erfolgssong „Nur ein Bild von Dir" und die „Austria Swing Stars" im Gedächtnis. Manch einer kam gar nicht unbedingt zum Tanzen, sondern vor allem um die Musiker zu hören und zu studieren. So ein Gast war auch Sepp Loher, damals selbst ein hoffnungsvoller Nachwuchs-Gitarrist: „Wir sind nicht hingegangen, um da Mädchen kennenzulernen. Wenn's sich ergeben hat, ja. Aber wir sind doch irgendwie alle vom Dorf gewesen. Wir waren ja eher die unerfahrenen, schüchternen jungen Burschen, die nix anderes wie ihre Musik im Schädel gehabt haben. So muss man sich das vorstellen. Wir sind da nicht mit dem Selbstbewusstsein aufgetreten: So, was kostet die Welt? Wir sind jetzt da! Wir hätten natürlich gern gewollt, aber mit 17, 18, 19 klappt das halt nicht. Und deswegen haben wir uns da mit unserer Musik beschäftigt. Wenn wir ins Witt' sind, war das Thema: Wir wollen die Konkurrenz hören, wir wollen gute Musik hören." Vor allem gute Beat-Bands faszinierten Sepp im Wittelsbach. Die Bands wurden für jeweils einen Monat engagiert, spielten dann jeden Tag und zogen wieder weiter. Sie haben gut verdient. Von bis zu 3000 Mark Monatsgage für einen Profimusiker wurde gemunkelt. Und das bei 650 Mark Durchschnittslohn für einen Arbeiter.

Die hohen Kosten für die Musiker erwiesen sich im Lauf der Zeit zunehmend als Problem. Zum 1. Februar 1969 eröffnete in Passaus Hell-Keller das „Blow up", die erste große Diskothek der Stadt. Weitere sollten folgten. Hier tanzte man modernen Freestyle, Tanzkenntnisse waren nicht mehr nötig. Vor allem aber waren Diskjockeys und Platten betriebswirtschaftlich weitaus günstiger als Life-Musik. Da ließen sich dann auch Getränkepreise niedrig halten. Mit der Eröffnung des „Blow up" begann der Niedergang des Wittelsbach. Für Sepp Loher

Ein Markenzeichen war die Livemusik. Eine Band posiert auf der Emporentreppe.

keine Frage: „Die Diskotheken gruben Tanzlokalen mit Live-Musik das Wasser ab."

1970 zogen sich die Eheleute Gasteiger aus dem Betrieb des Café Wittelsbach zurück und übergaben ihn an die Gebrüder Fischer – Anton, Igor und Ludwig. Für Lisa Huber ein schmerzlicher Wechsel: „Nach den Gasteigers war das Ambiente weg. Das Witt' war nicht mehr das was es mal war." Tatsächlich gaben sich die Fischer-Brüder alle Mühe, das Lokal im peppigen 70er-Jahre Stil neu zu gestalten. Man setzte in Farben und Details auf kräftige Kontraste. Zur neuen Ausstattung gehörten ein curryfarbener Teppichboden, eigens aus Dänemark bezogene flotte Schalenstühle, weiß lackierte Rundtische mit Kugelleuchten, drehbare Barhocker mit Lehnen und als besondere Attraktion eine an der Wand montierte, die Klänge der Musik in bunten Farben reflektierende große Lichtorgel. Für ein intimeres Zusammensein richtete man auf der Galerie „kleine Nischen wie zu Omas Zeiten" ein – „Oasen der Ruhe und Gemütlichkeit", wie man in der Presse dann geworben hat. Eine neu eingerichtete Lobby diente als Warte-, Spiel- und Leseraum. Es gab wieder Billardtische und aus einem eigens eingerichteten Kartenspielraum konnte über Tischtelefone direkt an der Bar bestellt werden. Hier setzte man einen besonderen Akzent mit Steakkreationen und Cocktails. Ein möglichst breites Publikum sollte angesprochen und gebunden werden. Freilich – nicht alle Neuerungen der Fischer-Brüder haben sich bewährt: Die Idee, die Bands weg von der Tanzfläche auf einer eigenen Musikempore zu platzieren, kam beim tanzenden Publikum alles andere als gut an und musste wieder rückgängig gemacht werden.

Immerhin. Für eine Weile blieb das Wittelsbach noch gut besucht. Ludwig Fischer sind auch manche Highlights im Gedächtnis: „Max Greger jun. hat bei uns gespielt und viele populäre Musiker kamen nach ihren Konzerten in der Nibelungenhalle anschließend ins Wittelsbach. Zum Beispiel Howard Carpendale. Um den Carpendale ging's ganz schön mit den Mädchen zu. Da war richtiges Highlife im Wittelsbach." Trotzdem – als Tanzlokal mit Lifemusik hat sich das Witt' schon bald nicht mehr gerechnet. „Am Ende wurden die Kapellen einfach zu teuer. Die lagen immer bei ca. 10 000 Mark im Monat. Da hat mein Bruder Anton dann auf Disko-Musik umgestellt." Vergeblich. Das Publikumsaufkommen im Wittelsbach war stetig rückläufig, der alte Zauber endgültig dahin. Gegen die Konkurrenz der großen Diskotheken konnte man nicht mehr bestehen. 1974 gab Anton Fischer, der das Witt' zuletzt allein betrieben hatte, auf. Es folgten noch einige Jahre, in denen das vormalige Café Wittelsbach dann selbst als Diskothek, als „Ollis Club" geführt wurde. Aber auch diese letzte Phase einer einstigen Café-Legende ist schon längst Geschichte. Zwar wird heute zwischen restaurierten Jugendstilsäulen der alten hohen Gasthalle wieder Kaffee gereicht – jedoch nur aus Automaten und allein an Kunden, die die Deutsche Bankfiliale hier mit ihrem Besuch beehren ...

Uhren-Hermann

„BRAUCHST DU UHRI? Brauchst Du Uhri?", so hörte man ihn ungezählte Male seine potentiellen Kunden fragen. Fragt man heute, ob es in den 50er-, 60er- und 70er-Jahren in Passau echte Originale gab, Figuren die jeder kannte, heißt es immer wieder: „Klar – den Uhren-Hermann". Er war ein kleiner Mann, eher etwas „fester" von Statur, wie man in Bayern gern zu sagen pflegt. Ein freundlich wirkendes, fülliges Gesicht auf kurzem Hals, gerahmt von keck abstehenden Ohren und rotblond gekrausten Haaren – sicher, kein klassisch schöner Mann, aber doch einer mit dem gewissen lausbübischen Etwas. Eines jedenfalls war Hermann Slodarz, so sein vollständiger Name, mehr als alles andere: mit Leib und Seele Händler. Ein fliegender Händler und Fierant, der sein breites Warenangebot stets bei sich trug, vor allem an den Armen. Charly Synek hat ihn noch vor Augen: „Es hat einen gegeben in Passau, der war ein Original. Der hat Uhren verkauft. Am Bahnhof, am Ludwigsplatz. Der hat eine Jacke angehabt, hat die Ärmel hochgeschoben und an jedem Arm fünf Uhren gehabt. Den hat jeder gekannt damals. Das war der Hermann mit den Uhren. Bei dem hat man die Uhren gekauft. Man hat gesagt, der ist Jude, heißt Hermann und hat Uhren."

Tatsächlich, Hermann war Jude, Sohn eines Rabbiners. Geboren in Polen 1915, in einem kleinen unbekannten Ort namens Cisew. Wie er als polnischer Jude der Hölle des Holocausts entkommen konnte, welchen Schrecken er begegnet ist – das bleibt für immer sein Geheimnis. Er hat darüber nie gesprochen. Selbst mit seinen späteren Kindern nicht. Nur soviel lässt sich mit Gewissheit sagen: Hermann war gelernter Metzger und mit 18 Jahren schon verheiratet. Seine erste Frau ist am 24. Mai 1943 in Cisew gestorben. So vermerkt es bürokratisch nüchtern Passaus Einwohnerdatei. Näheres zum Tod der jungen Frau ist nicht bekannt, doch man kann die Umstände erahnen. Auch Hermanns Eltern haben die Shoah nicht überlebt. Er selber hatte Glück, hat sich irgendwie durchgeschlagen. Nach Kriegsende kam Hermann im Dezember 1945 nach Passau. Und da war er nicht der Einzige. Von 1945–1950 gab es in Passau eine lebendige jüdische Gemeinde mit zwischenzeitlich bis zu 150 Mitgliedern: gestrandete Überlebende aus den Konzentrationslagern Bergen-Belsen, Dachau, Theresienstadt und Buchenwald. Mit Hilfe der amerikanischen Besatzungsbehörden richtete man im Hotel „Deutscher Kaiser" ein Ritualbad und einen Gebetssaal ein. Es war ein Intermezzo, denn 1950 erlosch die jüdische Gemeinde Passaus wieder. Fast alle ihre Mitglieder waren ausgewandert, vor allem in die USA und den neu gegründeten Staat Israel. Hermann Slodarz aber blieb.

„Uhren-Hermann" — Hermann Slodarz. Ein Foto aus den Nachkriegsjahren: Krieg und Holocaust machten Hermann zum staatenlosen Flüchtling. Ein Status der ihm bis zum Schluss geblieben ist.

1952 meldete er in Passau ein Gewerbe an, ein Gewerbe für den Handel mit Textilien aller Art, Schmuckwaren, Uhren und „Neuheiten". Fortan bot er in Wirtshäusern und Biergärten, auf der Straße, auf Dulten und Märkten seine Waren an. Dabei war er selbst ein wandelndes Geschäft, Arme und Jacke Schaufenster und Warenlager in einem, die Hosentaschen seine Kasse. Hermanns Sohn erinnert sich: „Wenn er Geld kassiert hat, dann hat er alles einfach zusammengeknüllt und in die Hosentaschen gestopft. Die sind ihm dann schon quasi hin bis zu den Knien gegangen. Zu Hause hat er dann die Taschen rausgezogen und alles auf den Tisch geschüttet. Mama musste dann die Geldscheine oft bügeln."

Hermanns Preise waren günstig und er selbst im Umgang mit den Kunden alles andere als auf den Mund gefallen. Stieftochter Jacqueline hat ihn auf Märkten oft begleitet: „Hat da einer eine Hose anprobiert und gemeint, die sei zu weit, da hat er dann mit einer Hand hinten den Hosenbund zusammengegriffen und gesagt: „Schau, passt ja. Oder er hat ihm gleich die Hosenträger mit dazugegeben, oder noch eine zweite Hose." Auch Reklamationen waren für Hermann kein Problem. Kam ein Kunde mal mit einer Uhr daher, die nicht mehr ging, da war die Lösung schnell und ohne Aufhebens gefunden: „Uhr kaputt? Da hast a neue", hieß es dann. Und wie es sich für einen guten Händler gehört, Hermann kannte seine Pappenheimer, wusste, wem sich was verkaufen ließ. Dem Gastronom Ludwig Fischer ist noch eine typische Begegnung im Gedächtnis: „Das war so Anfang der Siebziger. Da kam mir der Hermann zufällig mit dem Wagen entgegen. Als er mich gesehen hat, hat er kräftig aus dem Auto raus gewunken, angehalten und gerufen: Brauchst Du Hühnchen, brauchst Du Hühnchen? Dann ist er ausgestiegen, hat den Kofferraum aufgemacht und tatsächlich, der war randvoll mit gefrorenen Hühnchen. Für eine Mark das Stück hab' ich ihm die alle abgekauft und dann gleich Kofferraum an Kofferraum und umgepackt."

Keine Frage Hermanns Geschäfte liefen gut. Über Jahre war er zusätzlich auch noch Besitzer eines Kiosks in der Bahnhofstraße. Der Erfolg wirkte sich aus. In den 50er-Jahren sah man ihn nur auf einem klapprigen alten Fahrrad durch die Straßen Passaus fahren. Als „pfeifender Radlfahrer" war er im Volksmund damals auch bekannt. „Wenn der gut drauf war, dann hat er gepfiffen", bestätigt eine Zeitzeugin. Und keck gepfiffen hat er auch schon mal nach schönen Frauen. Und zwar durchaus erfolgreich, wie sich Josephine Windisch noch erinnern kann: „Den Uhren-Hermann hat man immer mit schönen jungen Freundinnen gesehen. Und einen großen Opel Kapitän hat er gefahren." Stimmt! Das alte Rad war in den 60ern schließlich passé. Und mit dem ersten Wagen kam auch das private Glück, im dritten Anlauf. Hermann traf seine dritte Frau, die 26 Jahre jüngere Ursula, und es war eine buchstäblich umwerfende Begegnung: Getroffen hat er sie mit seinem Wagen. Aus bemühter Sorge um das Gott sei Dank nur wenig ramponierte Unfallopfer wurde schnell großes Interesse und dann Liebe. Von 1962 an war Hermann nicht nur wieder Ehemann, sondern auch Vater. Zur angenommenen Stieftochter Jaqueline gesellte sich

Zeitweilig betrieb Hermann Slodarz als Eigentümer auch den Kiosk in der Bahnhofstraße.

bald noch Sohn Hermann junior. Der agile Ein-Mann-Betrieb entwickelte sich zum Familienunternehmen.

Vor allem in einer Hinsicht hatte Hermann auch die Hilfe seiner Frau ganz dringend nötig: Kaum zu glauben, aber der gewitzte Händler tat sich äußerst schwer im Lesen und Schreiben. Selbst die Führerscheinprüfung habe er deshalb nur mündlich und praktisch absolvieren können, verrät Tochter Jaqueline. „Schriftliches hat immer Mama übernommen."

Zur eingekauften Ware gehörten u. a. Altbestände der Bundeswehr – ausgemusterte Militärjacken, Hosen und Soldatenstiefel. Abnehmer waren besonders Bauern. „Aber bevor das zum Verkauf kam, musste von uns alles tipptopp gewaschen, gerichtet und blitzblank gewienert sein." Wenn es dann auf Landmärkte gegangen ist, stand seine „Jacky" Hermann oft zur Seite: „Wir hatten immer einen großen Stand von gut zwölf Metern. Angeboten wurde alles, was man so gebraucht hat, von Socken, Schuhen, Unterwäsche und Arbeitsgewand bis hin zu Uhren. Papa wollte möglichst immer neben einem Pferdemetzger stehen, weil da das beste Geschäft gegangen ist." Und da die Geschäfte gut liefen, trat an die Stelle des Opel Kapitäns schließlich ein Opel Admiral.

Große Autos, zeitweilig ein kleiner Wohnwagen und eine schöne junge Frau. Das war Hermanns kleiner Luxus, darauf war er stolz. Ansonsten lebte er mit Frau und Kindern recht bescheiden. 1966 zog die Familie um. Von der Löwengrube in der Innstadt ging es in die Danziger Straße – alles andere als ein angesehenes Wohnquartier. Kein Wunder, dass die Kinder diesem Umzug auch im Nachhinein kaum Positives abgewinnen können. Für Hermann freilich überwogen die Vorteile. Die Wohnung war preiswert und es gab günstig anzumietende Garagen, die auch als Warenlager genutzt werden konnten.

Alles in allem konnte Hermann Slodarz damals eigentlich zufrieden sein. Und doch machte ihm eines zeitlebens zu schaffen, der schlichte Umstand, dass er Jude war. Jaqueline und Stiefbruder Hermann haben schon als Kinder mitbekommen, „dass ‚Jud' ein schlimmes Schimpfwort für einen Juden ist". Dass viele ihren Vater unbedarft auch „Juden-Hermann" nannten, war dabei noch gar nicht tragisch. Die meisten meinten es nicht böse, dachten sich nicht viel dabei. Doch es gab auch andere. In Wirtshäusern und Bierzelten kam es immer wieder vor, dass Hermann mit einem verächtlichen „du Saujud" provoziert wurde. Schmähungen, die ihn als Überlebenden des Holocausts bis tief ins Innerste erschüttert haben, die er

Seine jüdische Identität war ihm stets wichtig: Demonstrationszug der jüdischen Gemeinde vor der Hofapotheke auf dem Residenzplatz. Hermann Slodarz (Bildmitte in hellem Sakko) engagiert sich als Plakatträger.

nicht mehr bereit war, einfach zu ertragen. Da mündeten heftige Wortgefechte schon mal in Raufereien, die allerdings für Hermann meist nicht allzu gut ausgingen. „Der Slodarz wurde viel verprügelt", erinnert sich Fritz-Detlef Spengler, dessen Mutter damals Ärztin in der Innstadt war: „Der ist oft blutend angekommen und meine Mutter hat ihn dann verbunden."

Über einen dieser Vorfälle berichtete am 2. Dezember 1960 sogar Passaus Neue Presse. Schauplatz war das Wirtshaus „Klosterstüberl" in Hermanns damaligem Wohnhaus in der Löwengrube. Zwei betrunkene Gäste hatten Hermann wiederholt angepöbelt und als „Saujude" beschimpft, was zu einem ordentlichen Handgemenge und sodann zum Eingreifen der Po-

Hermanns kleines Glück und ganzer Stolz: Frau Ursula, der Opel-Kapitän und noch dazu ein kleiner Wohnwagen.

lizei führte. Der Artikel zum Geschehen ist von äußerst fragwürdiger Tendenz geprägt: Die Untertitelung „Hochpolitische Wirtshausrauferei" entpuppt sich im Verlauf des Beitrags rasch als blanke Ironie. Zynisch wird u. a. kommentiert, das beleidigte Opfer versuche im Nachhinein „die Geschichte zu einer antisemitischen Äußerung aufzufrisieren".

Vor diesem Hintergrund ist es nicht verwunderlich, dass Hermann sich für Boxkämpfe begeistern konnte, eine Begeisterung, die sich auch auf den Sohn übertrug: „Boxen hat ihn interessiert. Da ist er ganz narrisch gewesen mit dem Boxen. Wenn da spät nachts im Fernsehen noch ein Boxkampf kam, da hieß es dann ‚Hermann, Boxkampf, auf' und dann haben wir zusammen geschaut." Vielsagend auch, dass Hermann zwar in Passau aller Welt bekannt war, doch nicht einen echten Freund besaß. Wenn Hermann Freunde traf, dann in München und in Straubing, jüdische Freunde. Menschen mit ähnlichen Biografien, Erfahrungen und Befindlichkeiten. Unter ihnen auch seine Warenlieferanten. Für Jaqueline keine Frage: „Nach München zu fahren hat ihm immer gefallen, da war er immer gut drauf." Und er fuhr häufig. Der Umgang mit „seinen Leuten" war ausgesprochen herzlich: „Man hat sich in seiner eigenen Sprache begrüßt, umarmt und geküsst." Als gelernter Metzger hat Hermann in München im Bedarfsfall für die jüdische Gemeinde auch koscher geschlachtet. Zwar war er nicht ausgesprochen fromm, aber seine jüdische Identität war ihm sehr wichtig. Für Sohn Hermann hatte er deshalb besondere Pläne. Schon als Jugendlicher sollte er nach Israel in einen Kibbuz gehen. Dazu ist es allerdings nicht mehr gekommen.

So sehr Hermann mit ganzem Einsatz seinen Handel trieb, so wenig schonte er seine Gesundheit. Die Folge blieb nicht aus. Ein Herzinfarkt beförderte ihn 1974 in die Helge-Klinik. Für ihn war das freilich lange noch kein Grund, seine Geschäfte einzustellen. Kaum eingeliefert, ließ er sich auch flugs schon seine Uhrentasche in die Klinik bringen. Ärzte und Patienten waren schließlich potenzielle Kunden! Der Tascheninhalt hielt nicht lange vor. Hermann junior musste mit dem Fahrrad tüchtig Uhren nachliefern. Ein derart aufreibender Handelseinsatz forderte letztendlich seinen Preis. Am 27. August 1974 lief Hermanns eigene Uhr vorzeitig ab. Den zweiten Herzinfarkt bald nach dem ersten hat er nicht mehr überstanden.

Auf dem jüdischen Friedhof in Straubing fand Hermann Slodarz schließlich seine letzte Ruhestatt. In Passau aber blieb er vielen in Erinnerung. Und hier und da zeigt man sogar noch eine Uhr, die einmal Uhren-Hermann am Arm getragen hatte.

Ein Fernsehstar in Schwarz

15. FEBRUAR 1975: Kein echter Passauer, der an diesem Abend nicht gebannt vor seinem Bildschirm saß. Auch Renata Hampel hatte Platz genommen in einem übergroßen Korbsessel, schwarz gekleidet, aufrecht und mit konzentriertem Blick. Vor ihr freilich keine Mattscheibe, sondern ein Fließband. In rascher Folge sah sie eine Vielzahl Gegenstände und einen roten Quaderblock mit Fragezeichen auf dem Band an sich vorüberziehen. Es war der allererste Auftritt einer katholischen Ordensfrau in einer deutschen Fernseh-Unterhaltungsshow. Mit Rudi Carrells „Am laufenden Band" wurde das „Englische Fräulein" aus Passau über Nacht eine Berühmtheit.

Renata wurde als Tochter eines Bauern 1929 im Sudentenland geboren. Sie wuchs als eins von sechs Geschwistern auf. Der

Eine ganz besonders herzliche Gratulation: Passaus ehem. Bühnenbildner Fritz Kruspersky griff liebevoll zum Zeichenstift.

Zweite Weltkrieg machte sie zum Flüchtlingskind. Auf einem Bauernhof in Österreich wurde sie erst „Saudirn", dann in Bayern Schneiderin, bevor sie sich entschloss, in Passau ihre unterbrochene Schulausbildung wieder aufzunehmen. Sie entschied sich für die Englischen Fräulein und deren Klosterschule Niedernburg. Der schulisch engagierte Orden hatte es ihr bald schon angetan. Er wurde ihr zur neuen Heimat, aus der erfolgreichen Abiturientin mit 21 Jahren Schwester Renata. Als Lehrerin für Mathematik und Religion wirkte sie an Schulen in Fürstenstein, Passau-Ilzstadt und in Niedernburg. Schließlich wurde ihr 1968 die Leitung des Lukas-Kern-Kinderheims in Passau anvertraut. Ein Glücksfall für die seit 1749 existie-

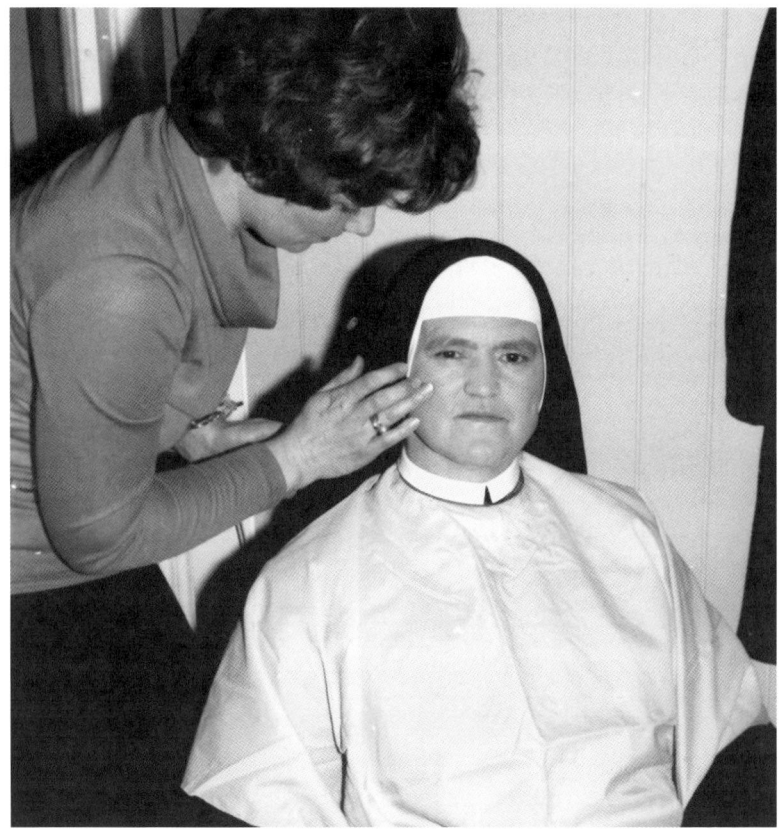

Ungewohnte Schönheitsbehandlung für eine Ordensfrau.

Renata und Annemarie: Ein Auftritt à la Fred Astaire. Beide haben mit Bravour bestanden!

rende Stiftung, die zu den ältesten sozialen Einrichtungen der Stadt gehört. Mit schlagfertigem Humor und ihrer spitzbübisch-charmanten Art eroberte die hemdsärmelige Ordensfrau im Handumdrehen die Herzen ihrer neuen Schützlinge. Und für die war sie zu jeder Zeit bereit, sich leidenschaftlich und wenn's sein muss auch ganz unkonventionell zu engagieren.

Eines von Renatas Heimkindern war Annemarie Steinberg. Rudi Carrells beliebte Kandidatenshow „Am laufenden Band", wo sich in Zweierteams Vertreter aus je vier Familien gegenüberstanden, veranlasste die damals 16-Jährige zu einem ganz besonderen Vorstoß. Schwester Renata erinnert sich: „Nach einer Sendung hat Annemarie gesagt, da könnten wir doch auch mal als Kandidaten mitmachen. Das hat sie dann noch ein-, zweimal gesagt und dann habe ich eben nach Bremen geschrieben." Der Sender war begeistert. Eine waschechte Nonne mitsamt ihrer „Pflegetochter" in einem heiteren Kandidatenwettbewerb? Das hatte es noch nicht gegeben. Das durften sich Produzent Alfred Biolek und Showmaster Rudi Carrell auf keinen Fall entgehen lassen. Prompt erhielten Renata und Annemarie die Zusage und die Einladung zu einem Vorgespräch. „Da ist dann in München erst so ein ‚Grüß Gott' gewesen", erinnert sich Renata. „Und dann hieß es gleich, wir sollen am Samstag drauf schon in die Sendung kommen. Das war dann eine Live-Sendung. Aber ich hab keine Angst gehabt und keine Aufregung." Vor der Aufnahme musste die Ordensfrau allerdings noch eine ungewohnte Prozedur an sich geschehen lassen: „Da bin ich auch geschminkt worden. Ich habe mir gedacht, wenn ich mich da hinbegebe, muss ich das natürlich auch mitmachen. Ist ja eine natürliche Sache."

Kaum mit neuem Teint versehen, ging es dann flugs hinaus ins Licht der Scheinwerfer. Im Wettstreit mit den anderen Kandidatenpaaren mussten Renata und Annemarie spielerisch Im-

Ein tierischer Sketch? Für eine ehemalige „Saudirn" kein Problem: Schwester Renata mit Schimpanse.

provisationstalent, Schlagfertigkeit und Erinnerungsvermögen unter Beweis stellen. Ob sie nun in einem Stegreifsketch mit Carrells Assistent Heinz Eckner unerschrocken einen leibhaftigen Schimpansen auf den Arm nahm, oder mit Annemarie ein gekonntes Tanzduett à la Fred Astaire zum Besten gab – die fröhliche Ordensschwester machte durchweg eine glänzende Figur. „Sie tanzten federleicht", bemerkte anerkennend Peter Kraus. Auch als es für die Kandidaten galt, die Kessler-Zwillinge Ellen und Alice auseinanderzuhalten, war das für Renata kein Problem: „Die Uhrbandel saßen ein bisschen anders. Das ist mir aufgefallen und das hab ich mir gemerkt". Renata und Annemarie haben sich durchgesetzt. Schließlich standen sie sich im Finale selber noch als spielerische Konkurrenten gegenüber. Die Siegerin am Ende hieß: Schwester Renata. Und so saß sie dann zu guter Letzt vor dem berühmten Fließband, versuchte sich die vorbeiziehenden Gegenstände einzuprägen und anschließend in 30 Sekunden so viele wie nur möglich aufzu-

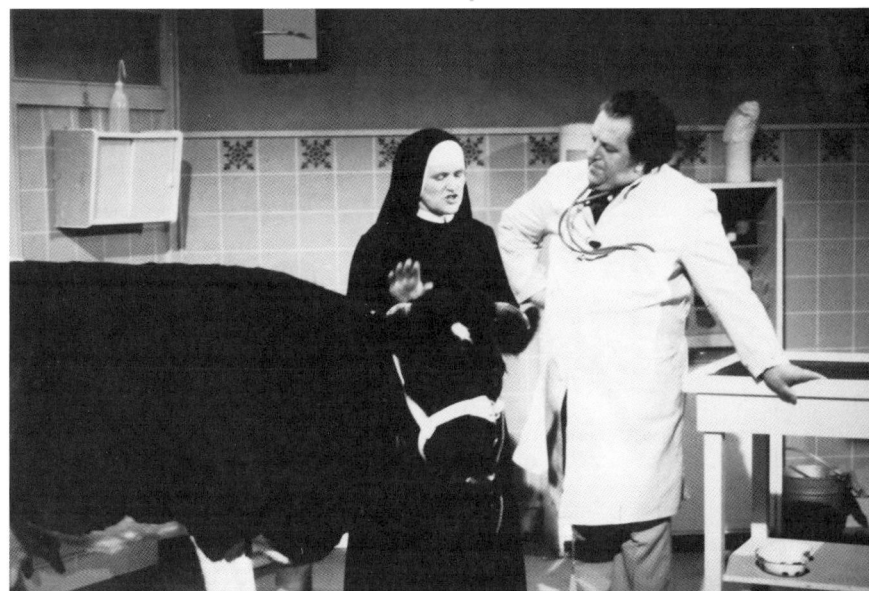

Kandidatin Renata zwischen Kuh und Komiker Heinz Eckner: ein komödiantisches Naturtalent.

zählen. Am Ende waren es stattliche 13 Gewinne, die Renata mit ihren jubelnden Kindern in Passau in Empfang nehmen konnte, darunter eine Kaffeemaschine, ein Toaster, ein Teekessel, ein Bowle-Set, ein Staubsauger und ein Diplomatenkoffer. „Des hat d' Mater Oberin gwunna", ließ sich ein Journalist im Angesicht der reichen Beute von den stolzen Heimkindern belehren. Die konnten sich als glückliche Profiteure vor allem über einen tragbaren Fernseher, einen Plattenspieler, ein Klappfahrrad und eine gemeinsame Kreuzfahrt nach Dänemark freuen. Anneliese Steinberg aber, die letztlich alles ausgelöst und sich als famose Mitspielerin erwiesen hatte, durfte als eigenen Gewinnanteil ein Kassettenradio für sich in Anspruch nehmen.

Rückblickend stellt Schwester Renata zu ihrem ersten Fernsehauftritt fest: „Es war eine sehr lustige und angenehme Sa-

Ganze Konzentration: Das Band läuft ...

Rudi Carrell mit neuem Fernsehstar.

che. Das ging alles gut über die Bühne. Eine sehr nette, herzliche Atmosphäre." Für alle Beteiligten gab es nach der Sendung eine große Feier. „Da hat man sich dann erst bekannt gemacht, weil vorher hat man nicht lang reden können." Bekannt
in der ganzen Republik war jetzt mit einem Schlag vor allem
aber Renata selber. Unentwegt versuchten zahllose Bewunde-
rer sie in den nächsten Tagen telefonisch zu erreichen. Noch
Wochen nach der Sendung ging im Kinderheim in derartiger
Menge „Fanpost" ein, dass selbst der Briefträger von einer Il-
lustrierten interviewt wurde. Auch Zuschriften, die einfach an
„Die Siegerin der Rudi-Carrell-Show, Passau" adressiert waren, wusste die Post sicher an ihr Ziel zu bringen. Ein adliger
Herr verband sein Lob mit einer ganz besonderen Anregung:
„Meine Hochachtung, Schwester Renata, für Ihre Haltung, Ih-
ren Geist, Ihren Witz, Ihren Charme … Sie wären die ideale

Renata und die Heimkinder begutachten die ausgepackte „Beute".

Ehefrau. Das sollten sie einmal versuchen." Diese Art Versuchung ließ die überzeugte Ordensschwester freilich kalt. Viel mehr freute sie sich da schon über das, was ein Pfarrer ihr in seinem Brief geschrieben hat: „Sie haben unbewusst für das Klosterleben geworben, dass es eine Freude war. Nicht 1000 Geistliche und auch Bischöfe hätten vermocht, so für einen Stand zu werben."

Das bei Weitem wichtigste war für Renata allerdings die enorme Werbung und Image-Aufbesserung, die ihr gelungener Fernseh-Auftritt für das Lukas-Kern-Kinderheim bedeutet hat. Und dieser Erfolg setzte sich fort. Zu Renatas Sachpreisen hatte Mitstreiterin Annemarie zusätzlich noch für das ganze Heim ein Essen mit Rudi Carrell gewonnen. Es fand am 6. März 1975 im damaligen Passauer Hotel „Zur Laube" statt. Die Kinder boten an, bei der Gelegenheit für ihren Gast zu singen, mit ungeahnten Folgen. Die Kinder sangen ungewöhnlich gut. Prompt wurde eine Plattenfirma aufmerksam und bei Renata vorstellig. Die griff die Gelegenheit beim Schopf: „Wir haben ein gutes Orffsches Schulwerk, gute Flöten- und Gitarrenstücke; für eine Platte würde unser Repertoire reichen." Hier hatte sie sich getäuscht. Es reichte gleich für fünf Platten! So traten dann zusammen mit Oberin Renata bald auch ihre singenden Kinder noch im Fernsehen auf. Für die war es inzwischen etwas ganz Besonderes, im Lukas-Kern-Kinderheim zu Haus zu sein.

„Ihr selbstloser und aufopfernder Einsatz als Oberin des Lukas-Kern-Kinderheims" veranlasste 1983 schließlich den bayerischen Sozialminister Schwester Renata die bayerische Staatsmedaille für soziale Dienste zu verleihen. Zehn Jahre später legte sie ihr Amt im Kinderheim nieder. Heute lebt sie im Kloster Niedernburg, wo sie als lebende Legende nicht das Geringste von ihrem Humor und Charisma verloren hat.

Fritz und Maxl

SIE WAREN BELIEBT, schön anzuschauen und taten all-zeit zuverlässig ihre Arbeit – Maxl und Fritz. Sicher, der dicke Maxl war passionierter Bettler und stampfte gern und heftig auf, wenn er zusammen mit seinem eher schüchternen Kollegen Fritz vor einem Wirtshaus stand. Solange, bis er vom Wirt endlich bekam, worauf er es energisch abgesehen hatte. Ein ordentliches Zuckerstück. Fritz hat von Maxls forschem Auftreten dann profitieren können.

Fritz und Maxl waren Apfelschimmel, Kaltblüter aus dem Rottal, zwei kräftige Brauereipferde. Sie waren die letzten ihrer Art, die es in Passau noch gegeben hat. Sie verkörperten nostalgisch eine zum Luxus gewordene Tradition, die sich Passaus Innstadtbrauerei ungeachtet aller Modernisierungen und Ra-

Fritz und Maxl auf der Passauer Maidult. Damals noch auf dem Kleinen Exerzierplatz. Der Zeltwirt trinkt sein Bier, die beiden Freunde hatten es auf anderes abgesehen ...

tionalisierungen weit länger noch als andere geleistet hat. Wacker und mit munterem Hufgeklapper zogen sie ihren Wagen mit den aufgeladenen Bierfässern über die Straßen, ohne sich um die tosende Verkehrshektik moderner Tage und die vielen überholenden Autofahrer groß zu scheren. Wenn sie mit ihrem reich geschmücktem Festwagen zur Dult getrottet sind, war ihnen ein großes Aufsehen immer sicher. Oben auf dem Bock saß dabei stets Bierkutscher Josef Krompaß. „Oft sind bessere Herrschaften aus ihren Autos gestiegen und haben den beiden Zucker gegeben", wusste er zu erzählen. Vor allem hatten seine Schimmel es den Kindern angetan. Fritz und Maxl wiederum waren ausgesprochen kinderlieb und freuten sich, wenn ihre kleinen Freunde sie im Stall besucht haben. Neugierig stellten sie die Ohren auf, wenn sie vertraute Schritte oder Stimmen hörten. Vorsichtig und zärtlich fraßen sie dann aus der Hand, ließen sich auf kleine Spiele ein oder stupsten ihre kleinen Verehrer sachte mit dem Kopf.

Keine Frage: Mit ihrem großen Bierwagen waren sie ein echter Blickfang...

Der allererste Stallbesucher schon in aller Herrgottsfrühe um vier Uhr war täglich Josef Krompaß. Da hieß es dann für ihn die Pferde zu füttern und zu tränken, ihr silbergraues Fell zu waschen, zu frottieren und zu striegeln. So war er es jahrelang gewohnt, bis ihm eines Tages auffiel, dass Fritz einen seiner Läufe unnatürlich wegstreckte. Kein Grund zu ernster Sorge, dachte man zunächst. Der flugs konsultierte Tierarzt ließ Salben und Umschläge verabreichen. Fritz durfte eine Weile auf dem weichen Boden einer Weidewiese ausspannen. Ohne Erfolg. Es kam zu keiner Besserung. Also wurde eine eingehende Untersuchung durch den Leiter des städtischen Schlachthofs vorgenommen. Dessen Diagnose war dann eine Katastrophe: Fritz litt unter einer Muskellähmung ohne jede Aussicht auf Gesundung. Und schlimmer noch, der Befund betraf, wie sich herausstellte, nicht bloß den armen Fritz, sondern auch Maxl. Der hatte die schwere Arbeit zeitweilig allein verrichten müssen. Allerdings ohne Begeisterung. Karl Angermann kann sich erinnern: „Ein Pferd alleine vor dem Wagen schaute ja nach nichts mehr aus. Und alleine war er bockig, folgte nicht mehr richtig. Dass der andere nicht mehr dabei war hat ihn halt geschmerzt. Die beiden waren ja zeitlebens immer beieinander.“

Das unentwegte Laufen auf hartem Kopfsteinpflaster und Asphalt hatte am Ende seinen Preis. Der Gang der beiden Schimmel wurde zunehmend schwerfälliger und ihre Gelenke schwollen an. Ihre lange Dienstzeit war vorbei. Aber was sollte mit den beiden treuen Pferden jetzt geschehen? Keiner mochte zusehen, wie sie immer stärker leiden und sich quälen müssen. Die Innstadtbrauerei entschied sich schweren Herzens für ein schnelles Ende: Am 1. Oktober 1970 traten Passaus letzte Brauereipferde nach 16 langen Dienstjahren ihre letzte Reise an. Schlachthof hieß die Endstation.

Die Belegschaft der Innstadtbrauerei war tief betroffen über den Verlust. Alle hatten ihre beiden Pferde über viele Jahre lieb gewonnen. Kaum einer konnte fassen, dass der Stall plötzlich verwaist war. Am schwersten tat sich Josef Krompaß, dem mit den vertrauten Tieren auch die Tätigkeit als Pferdepfleger und Bierkutscher abhanden kam. Seine Trauer kam aus tiefem Herzen: „Man gewöhnt sich doch an so a Viech, die warn ja bald a so wie Menschen." Schnell hatte sich die Nachricht vom Ableben der letzten beiden Brauereipferde in Passau überall herumgesprochen. Die meisten nahmen sie mit aufrichtiger Trauer und Bedauern auf.

Ein Straßenkehrer freilich stellte gegenüber Josef Krompaß bloß lakonisch fest: „Jetzt brauch ich ja den Dreck von Deinen Pferden nimmer wegkehren."

Fritz und Maxl in Aktion. Hoch oben auf dem Bock Bierkutscher Krompaß. Pflaster und Asphalt bedeuteten für seine Lieblinge schließlich das Ende.